Altcoins y ICOs

Sumergiéndose en el Mundo de las Altcoins y las ICOs: Liberando el Potencial de las Inversiones Digitales

Diego Sánchez

Tabla de Contenidos

INTRODUCCIÓN

Bienvenido al fascinante mundo de las ofertas iniciales de monedas (ICOs) y las monedas alternativas, donde las tecnologías innovadoras han inaugurado una nueva era de inversiones en línea. Nos embarcamos en un viaje en este libro electrónico para explorar el mundo en constante cambio de las criptomonedas fuera del bien conocido Bitcoin, revelando el enorme potencial de las altcoins y las oportunidades innovadoras ofrecidas por las ICOs.

La aparición de Bitcoin en 2009 catalizó el desarrollo de las criptomonedas, capturando el interés de inversores y entusiastas en todas partes. Como la primera moneda digital descentralizada, Bitcoin allanó el camino para una multitud de proyectos innovadores que tenían como objetivo transformar varios mercados y perturbar las estructuras financieras establecidas. Estos proyectos, referidos colectivamente como altcoins, proporcionaron una amplia gama de funciones y aplicaciones únicas que van mucho más allá de las de Bitcoin, satisfaciendo las numerosas demandas tanto de usuarios como de inversores.

Las ofertas iniciales de monedas, que dieron a las startups y a las empresas ambiciosas una manera revolucionaria de recaudar capital mediante la emisión de sus propios tokens nativos, también se desarrollaron al mismo tiempo. Al democratizar las opciones de inversión, las ICOs permitieron que cualquier persona de cualquier parte del mundo participara en la recaudación de fondos inicial de proyectos innovadores.

Las altcoins y las ICOs ofrecen un potencial intrigante, pero navegar por este entorno en constante cambio demanda una comprensión profunda de la tecnología subyacente, una cuidadosa consideración de las alternativas de inversión y un compromiso cauteloso con la seguridad. Existen riesgos potenciales con cada inversión, y en este mercado en rápida evolución, la información es la única manera de tomar decisiones sabias.

El objetivo principal de este libro electrónico es proporcionar una introducción completa al mundo de las monedas alternativas y las ofertas iniciales de monedas (ICOs). Este recurso busca brindarte la información y las herramientas necesarias para tomar decisiones informadas en criptomonedas, ya seas un inversor experimentado tratando de diversificar tu cartera o un novato curioso esperando comprender los matices de las inversiones digitales.

Examinaremos las ideas fundamentales que subyacen a las ICOs y las monedas alternativas a lo largo de los capítulos, así como los diversos tipos de activos digitales disponibles y sus ventajas y desventajas. Además, proporcionaremos técnicas útiles para evaluar y elegir proyectos de criptomonedas e ICOs viables, asegurando que tus decisiones de inversión estén informadas por una investigación y análisis exhaustivos.

Este libro electrónico también aclarará la importancia de la seguridad y la necesidad de proteger tus activos digitales. Analizaremos los diversos tipos de carteras que están disponibles en la actualidad, así como examinaremos las técnicas más efectivas para proteger tus activos contra posibles amenazas y ataques en línea.

También examinaremos el entorno regulatorio actual que rodea a las altcoins y las ICOs, lo que proporcionará a los inversores información sobre los aspectos fiscales y legales que deben tener en cuenta a medida que el mundo de las criptomonedas se desarrolla rápidamente.

Esperamos que después de completar este viaje, tengas la confianza para explorar el mundo de las altcoins y las

ICOs, desbloqueando el inmenso potencial de las inversiones digitales y colocándote en una posición para aprovechar las emocionantes oportunidades que se presentan.

Juntos, exploremos el mundo de las altcoins y las ICOs, un mundo lleno de creatividad, potencial transformador y oportunidades ilimitadas para las inversiones digitales.

CAPÍTULO I

Entendiendo las Altcoins

¿Qué son las Altcoins y cómo se diferencian de Bitcoin?

El nacimiento de Bitcoin en 2009 marcó el inicio de una era revolucionaria en el mundo financiero. Como moneda digital descentralizada, Bitcoin revolucionó cómo percibimos y utilizamos el dinero. Sin embargo, a medida que la popularidad de las criptomonedas se disparó, surgieron una multitud de activos digitales alternativos, conocidos colectivamente como "altcoins". Esta sección profundizará en el mundo de las altcoins y explorará cómo difieren de Bitcoin. Al comprender estas diferencias, buscamos obtener insights sobre el diverso panorama de las criptomonedas y las características únicas que cada altcoin aporta.

Las altcoins, abreviatura de "monedas alternativas", se refieren a todas las criptomonedas que no son Bitcoin. Mientras que Bitcoin es la moneda digital pionera y sigue siendo la más reconocida y valiosa, las altcoins han crecido en número y variedad a lo largo de los años, ofreciendo una amplia gama de características y casos de uso. Las altcoins comparten algunas características fundamentales con Bitcoin, como ser descentralizadas, utilizar tecnología de blockchain y operar en una red peer-to-peer. Sin embargo, cada altcoin está diseñada para abordar limitaciones específicas o introducir funcionalidades novedosas no presentes en Bitcoin.

Una de las principales diferencias entre las altcoins y Bitcoin radica en sus mecanismos de consenso. Bitcoin utiliza el algoritmo de consenso de Prueba de Trabajo (PoW). Con este algoritmo, las transacciones deben ser verificadas y nuevos bloques deben ser agregados a la cadena de bloques resolviendo acertijos matemáticos desafiantes en competencia entre sí. Las altcoins, por otro lado, utilizan varios mecanismos de consenso como Prueba de Participación (PoS), Prueba de Participación Delegada (DPoS), Prueba de Autoridad (PoA) y más. Estos mecanismos alternativos ofrecen diferentes enfoques para lograr el consenso de la red, a menudo proporcionando una mayor escalabilidad y eficiencia energética que PoW.

Además de sus mecanismos de consenso, las altcoins sirven a diversos casos de uso y objetivos. Mientras que Bitcoin tiene como objetivo principal funcionar como una moneda digital peer-to-peer, las altcoins se centran en industrias específicas, como la gestión de la cadena de suministro, la atención médica o las finanzas descentralizadas (DeFi). Ethereum, la segunda criptomoneda más grande, es responsable de la introducción de contratos inteligentes, que permiten a los desarrolladores establecer aplicaciones descentralizadas (DApps) y llevar a cabo contratos autoejecutables. Ripple (XRP), por otro lado, tiene como objetivo facilitar pagos transfronterizos y remesas de manera eficiente. Cada altcoin se adapta a demandas de mercado únicas, contribuyendo al crecimiento y adopción de las criptomonedas en general.

Las velocidades de transacción y los tamaños de bloque varían significativamente entre las diferentes altcoins. La cadena de bloques de Bitcoin procesa transacciones relativamente lentamente debido a su tiempo de bloque de aproximadamente 10 minutos y un tamaño de bloque limitado. Algunas altcoins han adoptado medidas para mejorar la velocidad de transacción y la escalabilidad. Litecoin (LTC) ofrece tiempos de generación de bloques más rápidos (2.5 minutos) y un suministro máximo más alto, facilitando transacciones más rápidas y eficientes.

Además, las altcoins pueden diferir de Bitcoin en cuanto a sus modelos de distribución y suministro total. Debido a que la cantidad de Bitcoin está limitada a 21 millones, se considera un activo deflacionario a largo plazo. Sin embargo, algunas altcoins pueden tener un modelo de suministro inflacionario o un suministro total dinámico, lo que puede influir en su valor y utilidad a largo plazo.

Ethereum (ETH) es una altcoin líder conocida por sus revolucionarias capacidades de contratos inteligentes. Al permitir que los desarrolladores implementen aplicaciones descentralizadas y ejecuten contratos programables, Ethereum ha inaugurado la era de DeFi, NFTs (Tokens No Fungibles) y otras innovaciones basadas en blockchain.

Ripple (XRP) es reconocida por sus soluciones de pago transfronterizo rápidas y rentables. Utilizando su token nativo XRP, Ripple tiene como objetivo transformar la industria tradicional de remesas globales facilitando transacciones casi instantáneas y de bajo costo.

Litecoin (LTC), también conocida como la "plata del oro de Bitcoin", fue creada como una alternativa más rápida y escalable a Bitcoin. Con un tiempo de generación de bloques reducido y un algoritmo de hash diferente, Litecoin ofrece confirmaciones de transacciones más rápidas y se ha convertido en una opción popular para transacciones de pequeño valor.

En conclusión, las altcoins han expandido el horizonte del espacio de las criptomonedas, presentando muchas características innovadoras y casos de uso más allá del alcance de Bitcoin. Con diversos mecanismos de consenso, casos de uso específicos, velocidades de transacción variables y modelos de suministro únicos, las altcoins ofrecen diversas oportunidades de inversión y avances tecnológicos. Comprender las diferencias entre las altcoins y Bitcoin es crucial tanto para inversores como para entusiastas, ya que les permite tomar decisiones informadas con confianza y navegar por el mundo en rápida evolución de las criptomonedas. El potencial de las altcoins para afectar el futuro de las finanzas y numerosas industrias no puede subestimarse, ya que el ecosistema que rodea a las criptomonedas continúa desarrollándose y madurando. Al abrazar el diverso mundo de las altcoins, abrazamos el verdadero espíritu de innovación y descentralización que define la revolución de las criptomonedas.

Altcoins Populares y sus Características Únicas

El mundo de las criptomonedas ha evolucionado significativamente desde la introducción de Bitcoin en 2009. Junto a la moneda digital pionera, han surgido muchos activos digitales alternativos, conocidos colectivamente como altcoins, cada uno con sus características y funcionalidades únicas. Esta sección se sumerge en las altcoins populares que han captado la atención y el reconocimiento en el ecosistema de las criptomonedas. Al examinar los atributos distintivos de estas altcoins, obtenemos información sobre las diversas aplicaciones e innovaciones que aportan a las finanzas digitales y más allá.

Ethereum, lanzada en 2015 por Vitalik Buterin, es una de las altcoins más influyentes en el mundo de las criptomonedas. Su introducción de contratos inteligentes revolucionó la industria, permitiendo una multitud de aplicaciones descentralizadas (DApps) y casos de uso más allá de simples transacciones peer-to-peer.

En el núcleo de la singularidad de Ethereum yace su capacidad para ejecutar contratos inteligentes de manera autónoma. Los contratos inteligentes son acuerdos autoejecutables con condiciones predefinidas, lo que permite a los desarrolladores construir aplicaciones descentralizadas en diversas industrias. Los usuarios tienen la opción de participar en transacciones financieras sin la participación de intermediarios como resultado directo de la flexibilidad y programabilidad de estos contratos, lo que allanó el camino para la revolución de las finanzas descentralizadas (DeFi).

La introducción por parte de Ethereum del estándar de token ERC-20 fue fundamental en el surgimiento de las ofertas iniciales de monedas (ICOs). Este estándar permite a los desarrolladores crear tokens fungibles en la cadena de bloques de Ethereum, alimentando la financiación colectiva de proyectos innovadores. Como resultado, Ethereum se ha convertido en un terreno fértil para ideas novedosas y empresas descentralizadas.

Ripple, diseñada por Ripple Labs, ha captado la atención por enfatizar la revolución en pagos transfronterizos y remesas. A diferencia de muchas otras criptomonedas, Ripple opera como un sistema semi-centralizado.

El objetivo principal de Ripple es facilitar transacciones internacionales rápidas y de bajo costo empleando su criptomoneda nativa, XRP, como moneda puente. Este mecanismo evade las redes bancarias de corresponsalía tradicionales, lo que resulta en pagos transfronterizos más rápidos y eficientes. La solución de Ripple aborda las ineficiencias en el sistema financiero existente, atendiendo las necesidades de individuos y empresas que buscan transacciones globales sin problemas.

Una de las características definitorias de Ripple es su colaboración estratégica con numerosas instituciones financieras en todo el mundo. Estas asociaciones han permitido a Ripple integrar sus soluciones de pago en los sistemas bancarios tradicionales, demostrando la viabilidad de la tecnología blockchain en la industria financiera convencional. La capacidad de Ripple para fomentar la confianza y la cooperación con instituciones legadas la distingue como una altcoin pragmática con implicaciones en el mundo real.

Litecoin, creado por Charlie Lee en 2011, es un ejemplo prominente de una altcoin diseñada para ser una alternativa más rápida y escalable a Bitcoin.

El tiempo de generación de bloques de Litecoin de aproximadamente 2.5 minutos es significativamente más rápido que los 10 minutos de Bitcoin. Esta característica garantiza confirmaciones de transacciones más rápidas, lo que hace que Litecoin sea adecuada para transacciones diarias y micropagos. Su velocidad ha posicionado a Litecoin como una moneda digital práctica para uso cotidiano.

La adopción por parte de Litecoin del algoritmo de hash Scrypt la diferencia del algoritmo SHA-256 de Bitcoin. El algoritmo Scrypt es computacionalmente menos intensivo, lo que permite que Litecoin se mine de manera más eficiente con hardware de consumo. Este enfoque promueve la descentralización, haciendo que la minería sea accesible a una comunidad más amplia de entusiastas.

Cardano, fundada por Charles Hoskinson y lanzada en 2017, se enorgullece de un enfoque científico hacia el desarrollo de blockchain y enfatiza el rigor académico.

La filosofía de desarrollo de Cardano gira en torno al diseño basado en evidencia y la investigación revisada por pares. Este enfoque científico garantiza que las características de la plataforma sean minuciosamente examinadas, mejorando la seguridad, la escalabilidad y la sostenibilidad. Cardano busca proporcionar una infraestructura de blockchain robusta y estable al adherirse a estándares académicos.

La cadena de bloques de Cardano está estructurada utilizando una arquitectura de capas, separando las capas de liquidación y computación. Este diseño modular facilita las actualizaciones del sistema sin comprometer las funcionalidades principales de la plataforma. El compromiso de Cardano de introducir capacidades de contratos inteligentes a través de su plataforma Plutus amplía aún más su potencial para albergar aplicaciones descentralizadas complejas.

Binance Coin, la criptomoneda nativa del exchange Binance, ejemplifica la integración de activos digitales en un ecosistema próspero.

Originalmente lanzada como un token ERC-20 en la cadena de bloques de Ethereum, Binance Coin posteriormente hizo la transición a Binance Smart Chain (BSC). Como el token de utilidad principal dentro del ecosistema de Binance, BNB proporciona a los usuarios tarifas de negociación reducidas, participación en ventas de tokens y acceso a varios servicios DeFi en BSC. La integración sin problemas de BNB dentro del ecosistema de Binance ha contribuido a su creciente adopción y utilidad.

Binance Coin implementa un mecanismo único de quema de tokens. Binance regularmente utiliza una parte de sus ganancias para recomprar tokens BNB, posteriormente quemándolos. Este enfoque deflacionario reduce el suministro total de BNB, potencialmente aumentando su valor con el tiempo. El mecanismo de quema de tokens es una estrategia innovadora para mejorar la escasez y promover la apreciación del valor a largo plazo.

En conclusión, el diverso mundo de las altcoins ofrece una multitud de características y casos de uso únicos que se extienden más allá de los límites establecidos por Bitcoin. Los contratos inteligentes y las DApps de Ethereum han impulsado la revolución DeFi, redefiniendo la forma en que se acceden y ejecutan los servicios financieros. El enfoque de Ripple en los pagos transfronterizos aborda un punto doloroso significativo en las remesas globales, fomentando asociaciones con instituciones financieras tradicionales. La velocidad y escalabilidad de Litecoin la posicionan como una moneda digital práctica para transacciones cotidianas, mientras que el enfoque científico y la arquitectura de capas de Cardano priorizan la estabilidad y flexibilidad. La integración de Binance Coin dentro del ecosistema de Binance muestra el potencial de los tokens de utilidad para revolucionar los intercambios digitales.

A medida que el mercado de las criptomonedas madura, estas altcoins, entre muchas otras, jugarán un papel esencial en el reshaping de industrias, empoderando a individuos y promoviendo la inclusión financiera. Cada altcoin representa un aspecto único de la innovación, impulsando una transformación tecnológica que trasciende los límites tradicionales. Al explorar el diverso panorama de las altcoins y abrazar sus características distintivas, emprendemos un viaje hacia un futuro descentralizado, impulsado por el empoderamiento tecnológico y la liberación financiera.

Beneficios y Riesgos de Invertir en Altcoins

El mundo de las criptomonedas ha sido testigo de un crecimiento e innovación notables, con Bitcoin abriendo camino para una multitud de activos digitales alternativos, comúnmente conocidos como altcoins. A medida que los inversores buscan diversificación y posibles altas rentabilidades, el atractivo de las altcoins se ha vuelto cada vez más tentador. Sin embargo, invertir en altcoins conlleva tanto ventajas como riesgos que requieren una cuidadosa consideración. En esta sección, exploraremos los beneficios y riesgos de invertir en altcoins, arrojando luz sobre las oportunidades y desafíos que esperan a aquellos que se aventuran en este mercado dinámico y en constante evolución.

Uno de los principales beneficios de invertir en altcoins es la oportunidad de diversificar la cartera. Mientras que Bitcoin sigue siendo la criptomoneda dominante y más reconocida, las altcoins ofrecen diferentes casos de uso, tecnologías y oportunidades de crecimiento potencial. Al asignar fondos en varias altcoins, los inversores pueden reducir su exposición a la volatilidad de un solo activo y potencialmente capitalizar el crecimiento de proyectos emergentes e innovadores.

Invertir en altcoins durante sus primeras etapas puede conducir a una apreciación significativa del precio. A medida que algunas altcoins ganan tracción y aumentan de valor, los primeros inversores pueden disfrutar de retornos sustanciales en sus inversiones. Criptomonedas como Ethereum, Litecoin y Ripple han experimentado notables aumentos de precios desde su inicio, brindando a los primeros adoptantes oportunidades de inversión lucrativas.

Las altcoins a menudo introducen tecnologías y casos de uso novedosos que se extienden más allá de las funcionalidades de Bitcoin. Por ejemplo, Ethereum introdujo contratos inteligentes, permitiendo aplicaciones descentralizadas y allanando el camino para el surgimiento de las finanzas descentralizadas (DeFi). Estas características innovadoras tienen el potencial de perturbar diversas industrias y remodelar los sistemas financieros tradicionales, ofreciendo a los inversores la oportunidad de ser parte de desarrollos transformadores.

Las altcoins son conocidas por su alta volatilidad, lo que lleva a fluctuaciones significativas de precios a corto plazo. Si bien esta volatilidad puede presentar oportunidades de beneficios, también expone a los inversores a riesgos sustanciales. Los precios pueden experimentar oscilaciones rápidas e impredecibles, lo que puede resultar en pérdidas potenciales si no se abordan con precaución y estrategias de gestión de riesgos.

El mercado de criptomonedas sigue siendo relativamente no regulado en muchas jurisdicciones, lo que expone a los inversores a posibles esquemas fraudulentos y brechas de seguridad. Estafas, esquemas de bombeo y descarga, y ofertas iniciales de monedas (ICOs) fraudulentas han sido prevalentes en el espacio de las altcoins. Además, la ausencia de protecciones y supervisión para los inversores puede obstaculizar el recurso disponible para aquellos que caen víctimas de actividades maliciosas.

Las altcoins, especialmente las más nuevas y menos establecidas, pueden sufrir de liquidez limitada y profundidad de mercado. Debido a la falta de liquidez en el mercado, puede ser difícil realizar grandes operaciones sin afectar significativamente el precio del activo en negociación. Además, los mercados ilíquidos pueden llevar a márgenes de oferta y demanda más amplios, reduciendo la rentabilidad general de las operaciones.

Antes de invertir en cualquier altcoin, es crucial realizar una investigación exhaustiva y un debido diligencia. Comprender la tecnología, el caso de uso, el equipo y la comunidad detrás de una altcoin puede proporcionar información sobre su potencial de crecimiento y adopción. Examinar whitepapers, el progreso del desarrollo y el historial del proyecto puede ayudar a tomar decisiones de inversión informadas.

Debido a la naturaleza inherentemente volátil del mercado de criptomonedas, es esencial implementar métodos de gestión de riesgos. Diversificar la cartera de inversiones, establecer órdenes de stop-loss y determinar la tolerancia al riesgo son pasos prudentes para mitigar posibles pérdidas. Además, evitar activos de alto riesgo con un historial no probado puede ayudar a proteger las inversiones de riesgos significativos a la baja.

Mantenerse informado sobre las tendencias del mercado, los desarrollos regulatorios y los avances tecnológicos es crucial para las inversiones exitosas en altcoins. El mercado de criptomonedas es dinámico y está en constante evolución. Los inversores deben estar preparados para adaptar sus estrategias a medida que cambian las condiciones del mercado, reconociendo que el panorama de las criptomonedas puede ser altamente impredecible.

Invertir en altcoins presenta tanto oportunidades como riesgos en el mundo dinámico de las criptomonedas. Los posibles beneficios de la diversificación de la cartera, la adopción temprana y la participación en proyectos innovadores pueden conducir a ganancias financieras significativas. Sin embargo, los riesgos de la volatilidad del mercado, la falta de regulación y la liquidez limitada requieren que los inversores aborden las inversiones en altcoins con precaución y prudencia.

Realizar una investigación exhaustiva, llevar a cabo un debido diligencia e implementar estrategias efectivas de gestión de riesgos son pasos críticos para navegar con éxito el complejo mercado de altcoins. A medida que el ecosistema de las criptomonedas evoluciona, aquellos que se aventuran en inversiones en altcoins deben permanecer vigilantes, informados y adaptables para aprovechar las recompensas potenciales mientras gestionan los riesgos inherentes. Al encontrar un equilibrio entre la ambición y la cautela, los inversores pueden posicionarse para desbloquear el emocionante potencial que ofrece el mercado de altcoins en la búsqueda del crecimiento financiero y el avance tecnológico.

Análisis de las Tendencias del Mercado de Altcoins

El mercado de criptomonedas ha experimentado un crecimiento y evolución significativos desde la introducción de Bitcoin en 2009. Junto con Bitcoin, ha surgido una amplia variedad de activos digitales alternativos, conocidos como altcoins, cada uno ofreciendo características únicas y oportunidades de inversión potenciales. Analizar las tendencias del mercado de altcoins es crucial para que los inversores y entusiastas obtengan información sobre el paisaje dinámico y siempre cambiante de las criptomonedas. En esta sección, nos adentraremos en el proceso de análisis de las tendencias del mercado de altcoins, explorando varias herramientas y técnicas utilizadas para desentrañar patrones y extraer ideas valiosas de los datos. Comprender las tendencias del mercado puede ayudar a los inversores a tomar decisiones informadas y navegar con confianza por las complejidades del mercado de altcoins.

La recopilación de datos de diversas plataformas de intercambio de criptomonedas es esencial para analizar las tendencias del mercado de altcoins. Los datos de precios de altcoins en múltiples intercambios proporcionan una visión completa de los movimientos del mercado y los volúmenes de negociación. Analizar datos de precios históricos puede revelar patrones, como tendencias de precios, volatilidad y niveles de soporte y resistencia, lo que guía a los inversores en la toma de decisiones estratégicas. Además, el monitoreo de los volúmenes de negociación es crucial, ya que indica el nivel de actividad y liquidez en el mercado de una altcoin. Los altos volúmenes de negociación sugieren una mayor participación del mercado y un interés en una altcoin específica, lo que puede afectar los movimientos de precios.

Con el propósito de evaluar tendencias en el mercado de altcoins, el análisis técnico es un método que se utiliza con frecuencia. Los gráficos de velas son instrumentales para representar movimientos de precios y patrones en marcos de tiempo específicos. Los inversores pueden identificar posibles reversos de tendencia y cambios de impulso de precios estudiando varios patrones de velas, como los patrones de doji, martillo y envolvente. Los patrones de gráficos, como los doble tops, cabeza y hombros, y triángulos, también ofrecen información valiosa sobre posibles movimientos de precios y continuación o reversión de tendencias. Además, los promedios móviles juegan un papel crucial en la comprensión de la dirección de las tendencias de precios y la identificación de posibles puntos de entrada y salida.

Utilizar varios promedios móviles, como el promedio móvil exponencial (EMA) y el promedio móvil simple (SMA), ayuda a los inversores a comprender mejor la trayectoria de precios de una altcoin en diferentes marcos de tiempo.

El análisis fundamental implica evaluar la tecnología subyacente y los casos de uso de una altcoin. Comprender la escalabilidad, seguridad y potencial de adopción real de la tecnología puede proporcionar información sobre las perspectivas a largo plazo de la altcoin. Los proyectos con tecnología sólida y casos de uso prácticos tienen más probabilidades de atraer interés sostenido de los inversores y la comunidad de criptomonedas en general.

Además, evaluar el equipo detrás de una altcoin y su progreso de desarrollo es crucial para evaluar la credibilidad del proyecto. Un equipo fuerte y experimentado, junto con actualizaciones consistentes y avances en el desarrollo del proyecto, puede infundir confianza en los inversores y contribuir a un sentimiento de mercado positivo.

El análisis de sentimiento es un aspecto esencial del análisis de tendencias del mercado de altcoins. Las plataformas de redes sociales y los medios de noticias de criptomonedas a menudo influyen en el sentimiento del mercado. Analizar el sentimiento en plataformas como Twitter, Reddit y Telegram puede proporcionar información sobre la percepción de la comunidad sobre una altcoin específica. El sentimiento positivo puede impulsar un mayor interés e inversión, mientras que el sentimiento negativo podría provocar posibles correcciones de precios. Algunas plataformas también ofrecen indicadores de sentimiento de mercado, como el Índice de Miedo y Avaricia y el Índice de Miedo y Avaricia de Cripto. Estos indicadores evalúan el sentimiento del mercado en una escala, ayudando a los inversores a identificar períodos de miedo o avaricia extremos que pueden señalar posibles reversos de mercado.

Debido a la naturaleza inherentemente volátil del mercado de criptomonedas, la gestión del riesgo es crucial al analizar las tendencias del mercado de altcoins. Implementar estrategias de gestión de riesgos, como establecer órdenes de stop-loss y diversificar la cartera de inversiones, puede ayudar a mitigar posibles pérdidas y distribuir el riesgo entre múltiples activos. El momento también es esencial, ya que comprender los ciclos del mercado, como los mercados alcistas y bajistas, ayuda a los inversores a identificar posibles puntos de entrada y salida. Comprar durante la corrección o consolidación del mercado y vender durante los picos del mercado puede optimizar los rendimientos.

El análisis de las tendencias del mercado de altcoins es un proceso multifacético que implica la recopilación de datos, el análisis técnico, la evaluación fundamental, el análisis de sentimiento y la gestión del riesgo. Al combinar estas herramientas y técnicas, los inversores pueden obtener valiosas ideas sobre el dinámico mercado de criptomonedas. Comprender los patrones de precios, los volúmenes de negociación y el sentimiento puede ayudar a tomar decisiones de inversión informadas e identificar oportunidades potenciales en el panorama de altcoins.

A medida que el mercado de criptomonedas evoluciona, el análisis continuo y la adaptación son esenciales. Los inversores deben permanecer vigilantes, mantenerse informados sobre los desarrollos del mercado y ajustar sus estrategias a medida que cambian las condiciones del mercado. Navegando por el mercado de altcoins con diligencia y prudencia, los inversores pueden desbloquear las recompensas potenciales y abrazar el poder transformador de las criptomonedas en la búsqueda de crecimiento financiero e innovación tecnológica. A través del análisis continuo y una comprensión aguda de las tendencias del mercado, los inversores pueden navegar con confianza por el mercado de altcoins y aprovechar las oportunidades en este paisaje dinámico y prometedor de activos digitales.

CAPÍTULO II

Explorando las ICOs

¿Qué son las Ofertas Iniciales de Monedas (ICOs)?

Las Ofertas Iniciales de Moneda (ICOs) han revolucionado la forma en que los proyectos y las startups recaudan capital en el espacio de las criptomonedas. Las ICOs surgieron como un mecanismo de financiación novedoso, permitiendo a emprendedores y desarrolladores financiar sus proyectos basados en blockchain emitiendo tokens digitales a inversores. La popularidad de las ICOs aumentó durante el auge de las criptomonedas, atrayendo una atención significativa tanto de inversores como de reguladores. En esta sección, profundizaremos en el concepto de Ofertas Iniciales de Moneda, explorando sus mecánicas, beneficios, desafíos e implicaciones regulatorias. Comprender las ICOs es esencial para cualquier persona que busque participar en inversiones en criptomonedas y obtener información sobre el panorama en rápida evolución de la recaudación de fondos en la era digital.

Una Oferta Inicial de Moneda (ICO) es una forma de recaudación de fondos en la que se emiten tokens digitales por parte de un proyecto o startup y se venden a inversores para ser intercambiados por otras criptomonedas o monedas fiduciarias. El propósito principal de una ICO es recaudar capital para financiar el desarrollo de un proyecto, aplicación o plataforma basada en blockchain. Estos tokens a menudo representan una forma de utilidad dentro del ecosistema, otorgando a los usuarios acceso a servicios o funcionalidades específicas ofrecidas por el proyecto. Durante una ICO, el equipo del proyecto utiliza la tecnología blockchain para crear un suministro finito de tokens. Estos tokens pueden construirse en plataformas blockchain existentes como Ethereum, utilizando contratos inteligentes para automatizar el proceso de distribución y emisión. Los tokens luego se distribuyen a los inversores que participan en la ICO enviando criptomonedas (como Bitcoin o Ethereum) o monedas fiduciarias a la dirección de billetera designada del proyecto.

Antes de lanzar la ICO, muchos proyectos realizan una fase pre-ICO para atraer inversores tempranos y recaudar capital inicial. Durante la pre-ICO, los equipos del proyecto ofrecen precios de tokens con descuento o bonificaciones exclusivas para incentivar contribuciones tempranas. Esta fase también permite a los proyectos evaluar el interés del mercado y perfeccionar sus estrategias de recaudación de fondos en función de los comentarios iniciales. El evento principal de la ICO generalmente involucra múltiples etapas, con una asignación específica de tokens para cada etapa. La venta masiva permite a los inversores comprar tokens al precio especificado, y la duración de la ICO varía según los objetivos del proyecto y el objetivo de recaudación de fondos. Los participantes pueden enviar sus contribuciones durante el período de ICO, y a cambio, reciben los tokens del proyecto una vez que concluye el evento de recaudación de fondos.

Las ICOs brindan a los inversores minoristas acceso a proyectos innovadores y empresas basadas en blockchain tradicionalmente limitadas a capitalistas de riesgo e inversores privados. Esta democratización de la recaudación de fondos abre nuevas oportunidades de inversión y permite a individuos de todo el mundo respaldar tecnologías y desarrollos de vanguardia. Además, al concluir una ICO, los inversores pueden negociar los tokens adquiridos en varias bolsas de criptomonedas, aumentando la liquidez del mercado. Esta liquidez permite a los inversores gestionar sus inversiones y salir de posiciones cuando lo deseen, sujeto a las condiciones del mercado. Muchos tokens de ICO llevan utilidad dentro del ecosistema del proyecto. Los inversores pueden usar estos tokens para acceder a servicios, pagar tarifas de transacción o participar en la gobernanza del proyecto. La utilidad del token agrega valor real al inversión y fomenta la participación y el compromiso en la red.

La falta de regulaciones claras en torno a las ICOs ha llevado a una proliferación de esquemas y estafas fraudulentas en el espacio de las criptomonedas. Los inversores deben ser cautelosos y realizar una diligencia debida antes de participar en cualquier ICO, ya que algunos proyectos pueden carecer de modelos de negocio viables o viabilidad tecnológica. El valor de los tokens de ICO está sujeto a una volatilidad significativa de precios, dada la naturaleza especulativa del mercado de criptomonedas. Los inversores pueden experimentar fluctuaciones de precios sustanciales, lo que conduce a rendimientos de inversión inciertos. Además, algunos proyectos de ICO pueden no cumplir con sus promesas, lo que resulta en pérdidas para los inversores. La popularidad de las ICOs ha llevado a una saturación del mercado y un aumento de la competencia entre los proyectos que buscan financiamiento. Destacar en un mercado saturado requiere propuestas de valor únicas, progreso de desarrollo sólido y comunicación transparente con la comunidad.

Las autoridades regulatorias en todo el mundo han adoptado diversos enfoques para abordar las ICOs y sus posibles riesgos. Algunos países han impuesto regulaciones estrictas, que incluyen requisitos de registro y protecciones para los inversores, mientras que otros han adoptado posturas más permisivas. El panorama regulatorio en constante cambio continuará teniendo un impacto significativo en el futuro de las Ofertas Iniciales de Moneda (ICOs), así como en la predominancia de las ICOs en el mercado de criptomonedas. A medida que el espacio de las criptomonedas madura, han surgido modelos alternativos de financiamiento como Ofertas de Tokens de Seguridad (STOs) y Ofertas Iniciales de Intercambio (IEOs). Estos modelos tienen la intención de abordar problemas regulatorios y proporcionar protecciones adicionales para los inversores, al tiempo que permiten que los proyectos obtengan financiamiento y que los inversores participen en empresas basadas en blockchain.

Las Ofertas Iniciales de Moneda (ICOs) han revolucionado el panorama de la recaudación de fondos en el espacio de las criptomonedas, permitiendo que proyectos y startups accedan a capital global e inversores participen en empresas innovadoras. A pesar de sus beneficios, las ICOs también conllevan desafíos y riesgos, lo que hace necesaria una cuidadosa consideración y diligencia debida por parte de los inversores. El entorno regulatorio que rodea a las ICOs continúa evolucionando, influyendo en la forma de los futuros modelos de recaudación de fondos en la era digital. Como resultado de la expansión y maduración continua del mercado de criptomonedas, comprender los mecanismos, implicaciones y aspectos regulatorios de las ICOs se vuelve cada vez más crucial para cualquier persona que busque participar en el mundo dinámico y transformador de las inversiones basadas en blockchain. A través de un análisis continuo y una comprensión aguda de las tendencias del mercado, los inversores pueden navegar con confianza por el panorama de las ICOs y aprovechar las oportunidades en este paisaje dinámico y prometedor de activos digitales.

Cómo Funcionan las ICOs: Explicación del Proceso

Las Ofertas Iniciales de Moneda (ICOs) han surgido como un método innovador de recaudación de fondos que ha transformado la forma en que las startups y los proyectos obtienen capital en el mundo de las criptomonedas. Las ICOs permiten a los emprendedores y desarrolladores financiar sus proyectos emitiendo y vendiendo tokens digitales a inversores. Esta sección tiene como objetivo proporcionar una explicación completa de cómo funcionan las ICOs, explorando las complejidades del proceso, desde la concepción hasta la distribución. Comprender los mecanismos de las ICOs es crucial para que los inversores y entusiastas naveguen por este paisaje dinámico y en constante evolución de la recaudación de fondos basada en blockchain.

La aparición de las ICOs está intrínsecamente ligada al advenimiento de la tecnología blockchain. Con la introducción de Bitcoin en 2009, el mundo presenció el nacimiento de la primera criptomoneda descentralizada, demostrando el potencial de las transacciones entre pares sin intermediarios. La tecnología de contabilidad descentralizada que respalda a Bitcoin, conocida como blockchain, ha allanado el camino para una amplia variedad de proyectos basados en blockchain.

El concepto de tokenización ganó prominencia a medida que los desarrolladores reconocieron la posibilidad de crear y distribuir tokens digitales en plataformas blockchain como Ethereum. Estos tokens podrían representar varios activos, utilidades o funcionalidades dentro de un ecosistema descentralizado, preparando el escenario para el nacimiento de las Ofertas Iniciales de Moneda.

El proceso de una ICO comienza con el concepto y desarrollo del proyecto basado en blockchain. Los emprendedores y desarrolladores conceptualizan cuidadosamente su idea y esbozan los objetivos y funcionalidades del proyecto. La investigación exhaustiva, la planificación y la experiencia técnica son esenciales para garantizar la viabilidad y factibilidad del proyecto.

El equipo del proyecto luego prepara un whitepaper completo, un documento detallado que describe el propósito del proyecto, la tecnología, los casos de uso, la distribución de tokens, los objetivos de recaudación de fondos y el historial del equipo. Un whitepaper bien elaborado es crucial para atraer a posibles inversores e inspirar confianza en el proyecto.

Muchos proyectos llevan a cabo una fase previa a la ICO antes de lanzar el evento principal de la ICO para atraer a inversores tempranos y recaudar capital inicial. Durante la pre-ICO, los equipos del proyecto ofrecen precios de tokens con descuento o bonificaciones exclusivas para incentivar contribuciones tempranas. Esta fase también permite a los proyectos evaluar el interés del mercado y refinar sus estrategias de recaudación de fondos basadas en comentarios iniciales.

El corazón de una ICO radica en la creación de tokens digitales que representan la propiedad o los derechos de acceso dentro del ecosistema del proyecto. La mayoría de las ICOs se construyen en plataformas blockchain existentes como Ethereum, que ofrecen funcionalidades de contratos inteligentes. El equipo de desarrollo crea la oferta finita de tokens utilizando contratos inteligentes y especifica las reglas de distribución e emisión de tokens.

El evento principal de la ICO típicamente involucra múltiples etapas, con una asignación específica de tokens para cada etapa. La venta masiva permite a los inversores comprar tokens al precio especificado, y la duración de la ICO varía dependiendo de los objetivos del proyecto y del objetivo de recaudación de fondos. Los participantes pueden enviar sus contribuciones durante el período de la ICO, y a cambio, reciben los tokens del proyecto una vez que concluye el evento de recaudación de fondos.

Después de que concluye la ICO, el equipo del proyecto distribuye los tokens comprados a las carteras de los inversores participantes. El proceso de distribución suele ser automatizado a través de contratos inteligentes para garantizar transparencia y eficiencia. Los inversores pueden luego gestionar sus tokens utilizando carteras de criptomonedas compatibles.

Para que los tokens obtengan liquidez y sean negociables, necesitan ser listados en intercambios de criptomonedas. Los equipos de proyecto trabajan para asegurar listados en intercambios de reputación, permitiendo a los inversores comprar y vender los tokens en el mercado secundario. Los listados en los intercambios son vitales para determinar el valor de mercado del token y el volumen de negociación.

Las ICOs brindan a los inversores minoristas acceso a proyectos innovadores y empresas basadas en blockchain que tradicionalmente estaban limitadas a capitalistas de riesgo e inversores privados. Esta democratización de la recaudación de fondos abre nuevas oportunidades de inversión y permite a individuos de todo el mundo apoyar tecnologías y desarrollos de vanguardia. Además, las ICOs ofrecen liquidez a los inversores, permitiéndoles negociar sus tokens en varios intercambios de criptomonedas.

Sin embargo, la falta de regulaciones claras en torno a las ICOs ha llevado a una proliferación de esquemas fraudulentos y estafas en el espacio de las criptomonedas. Los inversores deben ser cautelosos y realizar diligencias debidas antes de participar en cualquier ICO, ya que algunos proyectos pueden carecer de modelos de negocio viables o de viabilidad tecnológica. Además, el valor de los tokens de ICO está sujeto a una volatilidad significativa de precios, dada la naturaleza especulativa del mercado de criptomonedas.

A medida que crecía la popularidad de las ICOs, los organismos reguladores de todo el mundo comenzaron a abordar los riesgos potenciales asociados con estos eventos de recaudación de fondos. Algunos países impusieron regulaciones estrictas, mientras que otros adoptaron posturas más permisivas. La escrutinio regulatorio ha llevado al surgimiento de modelos alternativos de recaudación de fondos, como las Ofertas de Tokens de Seguridad (STOs) y las Ofertas Iniciales en el Intercambio (IEOs), que buscan abordar las preocupaciones regulatorias y proporcionar protecciones adicionales para los inversores.

Las STOs representan una alternativa conforme a las ICOs, ya que emiten tokens que se clasifican como valores y cumplen con las regulaciones de valores relevantes. Por otro lado, las IEOs se llevan a cabo directamente en intercambios de criptomonedas, que manejan el proceso de recaudación de fondos y la lista de los tokens en nombre del proyecto. Estos modelos intentan encontrar un equilibrio entre la eficiencia de la recaudación de fondos y la protección del inversor.

Las Ofertas Iniciales de Monedas (ICOs) han transformado el panorama de recaudación de fondos en el espacio de las criptomonedas, permitiendo que los proyectos accedan al capital global y que los inversores participen en empresas innovadoras. Comprender los mecanismos de las ICOs es crucial para los inversores y entusiastas que buscan participar en este mundo dinámico y transformador de la recaudación de fondos basada en blockchain.

La evolución de las ICOs y la emergencia de las Ofertas de Tokens de Seguridad (STOs) y las Ofertas Iniciales en el Intercambio (IEOs) continúan dando forma al panorama de las inversiones en criptomonedas y la financiación colectiva. A medida que el espacio de las criptomonedas madura, los desarrollos regulatorios y las dinámicas del mercado influirán en el futuro de las ICOs y su prevalencia en el ámbito de la recaudación de fondos.

A través de un análisis continuo y la diligencia debida, los inversores pueden navegar con confianza por el panorama de las ICOs y contribuir al crecimiento y desarrollo de proyectos innovadores basados en blockchain. A medida que las ICOs continúan evolucionando y revolucionando el proceso de recaudación de fondos, subrayan el potencial transformador de la tecnología blockchain en la remodelación del panorama financiero global.

Evaluación de Proyectos de ICO: Factores Clave a Considerar

La proliferación de ofertas iniciales de monedas, comúnmente conocidas como ICOs, en el espacio de las criptomonedas ha permitido que los inversores participen en una variedad más amplia de proyectos innovadores basados en blockchain que nunca antes. Sin embargo, la naturaleza descentralizada y en gran parte no regulada de las ICOs también introduce riesgos para los inversores. Para tomar decisiones informadas y navegar por este panorama dinámico, es crucial evaluar minuciosamente los proyectos de ICO. En esta sección, exploraremos los factores clave que los inversores deben considerar al evaluar proyectos de ICO. Al entender y analizar estos elementos críticos, los inversores pueden identificar proyectos con potencial para el éxito a largo plazo y mitigar los riesgos inherentes asociados con las inversiones en ICOs.

Un aspecto fundamental de la evaluación de un proyecto de ICO es comprender su propósito y caso de uso. El whitepaper del proyecto debe describir claramente el problema que busca resolver y el valor que busca aportar al mercado. Los proyectos con casos de uso bien definidos y prácticos son más propensos a obtener una adopción generalizada y generar demanda para sus tokens. Los inversores deben evaluar críticamente si el proyecto aborda una necesidad genuina y tiene un plan de implementación claro.

El equipo detrás de un proyecto de ICO juega un papel fundamental en su éxito. Los inversores deben llevar a cabo una investigación exhaustiva sobre el historial y la experiencia de los miembros del equipo. Evaluar su experiencia en tecnología blockchain, industrias relevantes y proyectos anteriores exitosos es esencial. Un equipo fuerte y con buena reputación infunde confianza en los inversores y demuestra el potencial del proyecto para una ejecución efectiva.

El aspecto tecnológico de un proyecto de ICO es de suma importancia. Los inversores deben examinar la infraestructura blockchain del proyecto, su mecanismo de consenso y su escalabilidad. Los proyectos con tecnologías innovadoras y eficientes tienen más probabilidades de mantenerse competitivos y adaptarse a las condiciones cambiantes del mercado. Evaluar los aspectos técnicos ayuda a identificar proyectos con viabilidad a largo plazo y potencial de crecimiento.

Comprender la tokenómica de un proyecto de ICO es crucial para los inversores. La tokenómica del proyecto debe proporcionar claridad sobre el suministro total del token, el mecanismo de distribución y cómo se utilizará dentro del ecosistema. Los tokens con utilidad clara y un propósito bien definido tienen más probabilidades de retener valor y generar demanda a largo plazo. Evaluar la tokenómica ayuda a los inversores a evaluar las dinámicas económicas potenciales del proyecto.

Una comunidad sólida y comprometida es indicativa de un proyecto de ICO prometedor. Los inversores deben evaluar la presencia del proyecto en plataformas de redes sociales, foros y comunidades. Examinar la hoja de ruta del proyecto puede proporcionar información sobre su progreso de desarrollo, hitos y planes futuros. Una hoja de ruta bien estructurada y alcanzable demuestra el compromiso del proyecto con la transparencia y la ejecución.

Las asociaciones estratégicas y los asesores de reputación pueden impulsar significativamente la credibilidad de un proyecto de ICO. Los inversores deben investigar las afiliaciones y recomendaciones del proyecto, así como las calificaciones y la reputación de sus asesores. Las asociaciones destacadas y los asesores respetados pueden agregar valor y aumentar la confianza de los inversores en el potencial del proyecto.

Comprender el panorama del mercado y la competencia es crucial al evaluar un proyecto de ICO. Los inversores deben examinar la posición del proyecto en el mercado, su propuesta única de venta y los competidores potenciales. Los proyectos que abordan brechas en el mercado y demuestran una ventaja competitiva probablemente tendrán éxito a largo plazo.

La seguridad es una preocupación primordial en el espacio de las criptomonedas. Los inversores deben evaluar las medidas de seguridad del proyecto, las auditorías de contratos inteligentes y cualquier vulnerabilidad potencial. Además, verificar la conformidad legal del proyecto en jurisdicciones relevantes es vital para evitar posibles problemas legales en el futuro. Evaluar las medidas de seguridad y la conformidad legal ayuda a minimizar el riesgo de posibles estafas o complicaciones regulatorias.

Los inversores deben revisar cuidadosamente los detalles de la venta de tokens, incluido el límite máximo, el límite mínimo y los objetivos de recaudación de fondos. Comprender la distribución de los fondos recaudados durante la ICO es crucial para evaluar la sostenibilidad financiera del proyecto y el compromiso con su hoja de ruta de desarrollo. Un modelo de venta de tokens transparente y bien estructurado fomenta la confianza y la transparencia entre el proyecto y los inversores.

Realizar una diligencia debida exhaustiva es esencial antes de invertir en cualquier proyecto de ICO. Los inversores deben buscar revisiones de expertos, comentarios de la comunidad y evaluaciones de proyectos de terceros. Verificar las afirmaciones del proyecto y realizar investigaciones independientes son pasos cruciales para evitar caer víctima de estafas o proyectos mal gestionados. Un enfoque diligente e informado minimiza el riesgo de posibles problemas de inversión.

La evaluación de proyectos de ICO requiere una evaluación integral de varios factores clave. Los inversores deben considerar el propósito y caso de uso del proyecto, la experiencia del equipo, la innovación tecnológica, la tokenómica, el compromiso de la comunidad y la hoja de ruta. Además, analizar el análisis de mercado, las medidas de seguridad, la conformidad legal, los detalles de la venta de tokens y llevar a cabo una diligencia debida exhaustiva son esenciales para tomar decisiones de inversión informadas.

A medida que el panorama de las ICO continúa evolucionando, mantenerse vigilante e informado es crucial para los inversores que buscan navegar con éxito por el mercado de criptomonedas dinámico y de alto riesgo. Al evaluar críticamente los proyectos e identificar aquellos con valor y potencial genuinos, los inversores pueden contribuir al crecimiento de la industria blockchain y participar en innovaciones innovadoras que tienen el potencial de remodelar varios sectores de la economía global. A través del análisis continuo y la toma de decisiones informadas, los inversores pueden capitalizar el potencial transformador de las ICO mientras protegen sus inversiones en esta emocionante y rápidamente evolucionando era digital.

Desafíos Regulatorios y Cumplimiento en el Espacio de las ICOs

La proliferación de Ofertas Iniciales de Moneda, también conocidas como ICOs, como un mecanismo novedoso de recaudación de fondos ha perturbado los métodos tradicionales de obtención de capital y ha desbloqueado nuevas oportunidades para proyectos basados en blockchain. Sin embargo, la naturaleza descentralizada y sin fronteras de las ICOs ha presentado importantes desafíos regulatorios en todo el mundo. A medida que las ICOs ganaron popularidad durante el auge de las criptomonedas, los organismos reguladores se enfrentaron a la tarea de desarrollar marcos para abordar los riesgos asociados con estos eventos de financiamiento colectivo. Esta sección explora los desafíos regulatorios y los problemas de cumplimiento en el espacio de las ICOs, arrojando luz sobre los esfuerzos realizados por diversos países para encontrar un equilibrio entre fomentar la innovación y proteger a los inversores.

La respuesta regulatoria a las ICOs ha estado lejos de ser uniforme en todo el mundo. Diferentes países han adoptado enfoques diversos para regular las ICOs, lo que ha dado lugar a una serie de regulaciones que pueden ser tanto confusas como restrictivas tanto para proyectos como para inversores. Algunas naciones han adoptado un enfoque permisivo, buscando fomentar la innovación en blockchain y atraer proyectos con regulaciones favorables. En contraste, otros han adoptado una postura estricta, imponiendo restricciones para proteger a los inversores y mantener la estabilidad financiera. Este diverso panorama regulatorio ha llevado a incertidumbres para proyectos e inversores que operan en múltiples jurisdicciones.

Uno de los principales desafíos en el panorama regulatorio mundial es definir la naturaleza de los tokens emitidos durante las ICOs. Los reguladores luchan por determinar si estos tokens deben ser clasificados como valores, productos básicos o utilidades, ya que la clasificación tiene importantes implicaciones para los requisitos de cumplimiento y las obligaciones legales. La falta de una definición unificada en todas las jurisdicciones ha creado ambigüedad y ha planteado preocupaciones de cumplimiento.

Las ICOs son susceptibles a esquemas fraudulentos y estafas que aprovechan la falta de regulación. Muchos inversores han sido víctimas de esquemas Ponzi y proyectos sin valor genuino. Los reguladores enfrentan el desafío de implementar medidas para proteger a los inversores minoristas de posibles daños financieros y pérdidas. Encontrar un equilibrio entre la necesidad de protección del inversor y fomentar la innovación es una tarea delicada para los reguladores.

La ausencia de regulaciones claras puede obstaculizar la integridad y transparencia del mercado en el espacio de las ICOs. La negociación con información privilegiada, la manipulación del mercado y la información engañosa pueden crear un campo de juego desigual para los inversores. Establecer pautas para garantizar la transparencia y prevenir la manipulación del mercado sigue siendo un desafío apremiante para los reguladores.

Las autoridades responsables de la regulación tienen el deber de trabajar hacia la creación de un entorno en el que los participantes del mercado puedan tomar decisiones sobre la base de información precisa y confiable.

El cumplimiento de la Lucha contra el Lavado de Dinero y el Conozca a su Cliente es esencial para prevenir el lavado de dinero y actividades ilícitas en las ICOs. La implementación de procedimientos efectivos de AML y

KYC es un desafío debido a la naturaleza pseudónima de las transacciones con criptomonedas. Los reguladores deben encontrar un equilibrio entre preservar la privacidad del usuario y la necesidad de combatir los delitos financieros.

Muchos reguladores consideran ciertas ICOs como ofertas de valores, sujetándolas a regulaciones existentes de valores. La Prueba de Howey, desarrollada por la Corte Suprema de los Estados Unidos, se utiliza a menudo para determinar si un token califica como un valor. Los proyectos que caen bajo esta clasificación deben cumplir con los requisitos de registro y divulgación, así como con las leyes de protección al inversor. Sin embargo, aplicar regulaciones de valores tradicionales al mundo de las criptomonedas en constante evolución puede ser complejo y puede frenar la innovación.

Algunos países han implementado "arenas regulatorias", permitiendo que los proyectos de ICO operen en un entorno controlado. Las arenas regulatorias permiten la experimentación, permitiendo que los proyectos prueben ideas innovadoras mientras los reguladores supervisan de cerca sus actividades. Este enfoque busca equilibrar el apoyo a la innovación y la protección contra los riesgos potenciales.

Algunas jurisdicciones han desarrollado marcos para clasificar tokens basados en sus características y funcionalidades. Estos marcos ayudan a aclarar los requisitos regulatorios para cada categoría de tokens, proporcionando más certeza tanto para los proyectos como para los inversores. Este enfoque tiene como objetivo clarificar la clasificación de tokens y facilitar los esfuerzos de cumplimiento.

Las ICOs a menudo se llevan a cabo a nivel mundial, involucrando a participantes de diferentes países. La naturaleza transfronteriza de las ICOs complica los esfuerzos de cumplimiento, ya que los proyectos deben navegar por regulaciones y requisitos legales variables en diferentes jurisdicciones. Cumplir con múltiples marcos regulatorios puede ser consumidor de tiempo y costoso para los proyectos de ICO.

Cumplir con diferentes marcos regulatorios puede ser financieramente oneroso para los proyectos de ICO, especialmente para startups y empresas más pequeñas. Los altos costos de cumplimiento pueden disuadir a algunos proyectos de buscar aprobación regulatoria, lo que potencialmente limita la innovación en el espacio de blockchain.

La falta de regulaciones claras y estandarizadas presenta desafíos para los proyectos de ICO. La incertidumbre puede desalentar la inversión y obstaculizar el desarrollo del proyecto, ya que los riesgos regulatorios se convierten en una preocupación significativa tanto para los empresarios como para los inversores. Se necesita un marco regulatorio más completo y claro para infundir confianza en el mercado de ICOs.

Dada la naturaleza sin fronteras de las ICOs, la cooperación internacional entre reguladores es crucial para abordar los desafíos regulatorios de manera efectiva. Los esfuerzos colaborativos pueden fomentar la consistencia y la armonización de las regulaciones, promoviendo estándares globales de cumplimiento. Cuando los reguladores colaboran, tienen el potencial de construir una estrategia más coordinada para abordar las dificultades únicas planteadas por las ICOs.

Los reguladores están enfocándose cada vez más en la educación de los inversores para aumentar la conciencia sobre los riesgos y recompensas de las inversiones en ICOs. Los inversores educados están mejor preparados para identificar esquemas fraudulentos y tomar decisiones informadas. Una mejor educación de los inversores puede contribuir a un mercado de ICO más informado y responsable.

A medida que el espacio de las ICO evoluciona, los reguladores deben adaptarse y actualizar sus marcos para dar cabida a los avances tecnológicos y las prácticas emergentes. La agilidad regulatoria es esencial para mantener el ritmo con el cambiante panorama de la tecnología blockchain y las criptomonedas. La flexibilidad en las regulaciones puede fomentar la innovación al tiempo que garantiza la protección de los inversores.

Los desafíos regulatorios y los problemas de cumplimiento en el espacio de las ICO reflejan la complejidad de la industria blockchain y la necesidad de encontrar un equilibrio entre fomentar la innovación y proteger a los inversores. El panorama regulatorio global para las ICO sigue siendo variado, con algunos países que adoptan enfoques permisivos, mientras que otros optan por medidas más estrictas. Los desafíos para los reguladores incluyen la protección de los inversores, la integridad del mercado y el cumplimiento de las normas AML/KYC. Las iniciativas regulatorias, como las regulaciones de valores, las arenas regulatorias y los marcos de clasificación de tokens, buscan proporcionar claridad y orientación para los proyectos de ICO.

Los desafíos de cumplimiento para los proyectos de ICO derivan de la naturaleza transfronteriza de las ICO, los altos costos legales y regulatorios, y la falta de regulaciones claras. La cooperación internacional entre reguladores, un enfoque en la educación de los inversores y la evolución de los marcos regulatorios son esenciales para el futuro de las regulaciones de ICO. Encontrar el equilibrio óptimo entre fomentar la actividad innovadora y proteger los fondos de inversión existentes será clave para desbloquear todo el potencial de las ICO como un mecanismo de recaudación de fondos transformador en el cambiante panorama de la economía digital. A través de esfuerzos colaborativos, adaptabilidad continua y un compromiso con la protección de los inversores, los reguladores pueden fomentar un ecosistema de ICO más sostenible y responsable, alentando el crecimiento de proyectos innovadores y prácticas de inversión responsables en el mundo en constante evolución de la tecnología blockchain.

CAPÍTULO III

Evaluación de Inversiones en Altcoins y ICOs

Análisis Fundamental: Evaluación de la Propuesta de Valor

En el mundo de las inversiones, especialmente en el ámbito de las criptomonedas y los proyectos de blockchain, el análisis fundamental juega un papel crítico en la evaluación del valor intrínseco y el potencial de crecimiento de un activo. El análisis fundamental implica una evaluación exhaustiva de los fundamentos subyacentes de un proyecto, que incluye su tecnología, equipo, caso de uso, potencial de mercado y panorama competitivo. Esta sección profundiza en la importancia del análisis fundamental y explora los factores clave que los inversores consideran al evaluar la propuesta de valor de los proyectos de blockchain. Al comprender y emplear el análisis fundamental, los inversores pueden tomar decisiones bien informadas y navegar por el paisaje dinámico y siempre cambiante de las inversiones digitales.

En un espacio caracterizado por una volatilidad extrema y un fervor especulativo, el análisis fundamental sirve como una brújula que guía a los inversores a través del laberinto de proyectos de blockchain. A diferencia del análisis técnico, que se basa en patrones de precios históricos, el análisis fundamental evalúa los fundamentos subyacentes del proyecto para determinar su verdadero valor. Este enfoque permite a los inversores diferenciar entre proyectos impulsados por el hype del mercado y aquellos con una propuesta de valor genuina.

El objetivo principal del análisis fundamental es determinar el valor intrínseco de un activo. Para los proyectos de blockchain, esto implica examinar las capacidades tecnológicas, los casos de uso prácticos y el potencial para perturbar las industrias existentes. Al comprender los fundamentos del proyecto, los inversores pueden evaluar mejor su viabilidad a largo plazo y sus perspectivas de éxito.

Una piedra angular del análisis fundamental es la evaluación de la tecnología subyacente del proyecto. Los inversores evalúan la infraestructura de blockchain del proyecto, el mecanismo de consenso, la escalabilidad, la seguridad y el rendimiento. Una tecnología innovadora que aborda problemas del mundo real es una cualidad atractiva para los inversores, ya que señala el potencial del proyecto para tener un impacto significativo en el mercado.

El equipo del proyecto juega un papel fundamental en determinar su éxito. Los inversores analizan la experiencia, la competencia y el historial del equipo en el blockchain y las industrias relevantes. Un equipo competente y reputado inspira confianza en los inversores y mejora la credibilidad del proyecto.

Comprender el caso de uso del proyecto es fundamental para evaluar su impacto potencial en el mercado. Un caso de uso claro y práctico indica que el proyecto aborda un problema genuino y tiene una demanda de mercado viable. Los inversores analizan el potencial de mercado y la capacidad del proyecto para obtener adopción y generar valor a largo plazo.

Una comunidad vibrante y comprometida es indicativa de la fuerza del proyecto y su potencial de crecimiento. Los inversores evalúan la presencia del proyecto en redes sociales, foros y comunidades en línea para medir el apoyo y los comentarios de la comunidad. Una comunidad sólida puede fomentar el entusiasmo y atraer una amplia base de usuarios.

Evaluar el panorama competitivo ayuda a los inversores a comprender la propuesta única de venta y la ventaja competitiva del proyecto. Comprender cómo el proyecto se diferencia de los competidores existentes y potenciales es esencial para tomar decisiones de inversión informadas.

El panorama regulatorio que rodea a los proyectos de blockchain puede ser incierto y complejo. Los inversores evalúan el cumplimiento del proyecto con las regulaciones relevantes y su capacidad para navegar por marcos legales en evolución. Los proyectos que abordan proactivamente las preocupaciones regulatorias son vistos de manera más favorable por los inversores.

La seguridad de los proyectos de blockchain es de suma importancia. Los inversores evalúan las medidas de seguridad del proyecto, las auditorías de contratos inteligentes y las posibles vulnerabilidades. Una infraestructura de seguridad sólida infunde confianza en los inversores y reduce el riesgo de piratería o explotación.

Los inversores examinan de cerca la tokenomía de un proyecto, incluida la utilidad y la escasez del token. Los tokens con una utilidad clara dentro del ecosistema y una oferta limitada tienen más probabilidades de retener valor y generar demanda.

El modelo de distribución y asignación de tokens es otro aspecto crítico del análisis fundamental. Los inversores evalúan la equidad y el impacto potencial de la estrategia de distribución de tokens en el valor del token. Los proyectos con estrategias de distribución de tokens transparentes y equitativas se perciben como más amigables para los inversores.

Los inversores realizan una investigación y análisis exhaustivos del whitepaper del proyecto, el sitio web y cualquier documentación disponible. Realizar una diligencia debida ayuda a los inversores a verificar las afirmaciones del proyecto y evaluar su viabilidad.

Buscar opiniones y revisiones de expertos de analistas de la industria y fuentes confiables mejora la profundidad de la evaluación. Las evaluaciones independientes brindan información valiosa y corroboran los hallazgos de los inversores individuales.

El análisis fundamental es particularmente relevante para los inversores con un horizonte de inversión a largo plazo. Al evaluar los fundamentos del proyecto, los inversores pueden identificar proyectos con un fuerte potencial de crecimiento y valor sostenible a lo largo del tiempo.

Aunque el análisis fundamental está más comúnmente asociado con inversiones a largo plazo, también puede informar estrategias de trading a corto plazo. Comprender los fundamentos de un proyecto puede ayudar a los inversores a capitalizar oportunidades de mercado a corto plazo basadas en eventos y desarrollos fundamentales.

El sentimiento del mercado puede eclipsar el análisis fundamental, especialmente durante períodos de extrema volatilidad del mercado o euforia irracional. El FUD (Miedo, Incertidumbre, Duda) y el FOMO (Miedo a Perderse) pueden influir en el comportamiento del mercado, afectando las decisiones de inversión.

El espacio de las criptomonedas y la tecnología blockchain es altamente dinámico, con tendencias cambiantes y avances tecnológicos rápidos. El análisis fundamental puede tener dificultades para mantenerse al día con el paisaje en constante evolución.

En el ámbito de las inversiones en blockchain, el análisis fundamental sigue siendo una herramienta indispensable para evaluar la propuesta de valor de los proyectos. Al adentrarse en la tecnología, el equipo, el caso de uso, el potencial de mercado y la tokenomía, los inversores pueden comprender de manera integral los fundamentos de un proyecto. Este análisis profundo capacita a los inversores para tomar decisiones bien informadas, reducir los riesgos especulativos y navegar con confianza por las complejidades del espacio de inversión digital.

Si bien el análisis fundamental tiene sus limitaciones, sirve como una brújula confiable en el volátil mercado de criptomonedas, guiando a los inversores hacia proyectos con un valor real y un potencial de crecimiento sostenible.

A través de una evaluación cuidadosa y la diligencia debida, los inversores pueden posicionarse para capitalizar el potencial transformador de la tecnología blockchain y contribuir al crecimiento y maduración de la economía digital. A medida que el espacio blockchain continúa evolucionando, el análisis fundamental seguirá siendo fundamental, sirviendo como una herramienta esencial para los inversores que buscan navegar por el paisaje dinámico de las inversiones digitales con previsión y precisión.

Análisis Técnico: Análisis de las Tendencias y Patrones de Precios

En el mundo financiero, rápido y volátil, los inversionistas enfrentan una miríada de desafíos al tomar decisiones informadas. En este panorama, el análisis técnico ha surgido como un enfoque popular y poderoso para comprender el comportamiento del mercado y predecir movimientos futuros de precios. A diferencia del análisis fundamental, que se centra en el valor intrínseco de un proyecto, el análisis técnico profundiza en los datos históricos de precios y el volumen de operaciones para identificar patrones y tendencias. Esta sección explora la importancia del análisis técnico en los mercados financieros, con un enfoque particular en el trading de criptomonedas y acciones. Al comprender los principios del análisis técnico, los inversionistas pueden obtener valiosos conocimientos sobre el sentimiento del mercado, identificar posibles puntos de entrada y salida, y tomar decisiones de trading más informadas.

El análisis técnico tiene una gran importancia en los mercados financieros, ya que ayuda a los traders a descifrar complejos patrones de precios y tendencias. El principio subyacente del análisis técnico se basa en la creencia de que los datos históricos de precios pueden ofrecer valiosos conocimientos sobre las condiciones actuales del mercado y las tendencias futuras potenciales. El objetivo principal del análisis técnico es identificar patrones, tendencias y niveles de soporte/resistencia que puedan guiar las decisiones de inversión.

Los analistas técnicos estudian de cerca los gráficos de precios para identificar patrones recurrentes, como cabezas y hombros, dobles techos, triángulos y más. Estos patrones a menudo proporcionan pistas valiosas sobre movimientos futuros de precios. Además, analizar las tendencias ayuda a los inversionistas a comprender la dirección general de un mercado y a detectar posibles puntos de entrada y salida.

Un aspecto igualmente crucial del análisis técnico es el estudio de la psicología y el sentimiento del mercado. Los inversionistas pueden evaluar las emociones de los participantes del mercado, como el miedo, la codicia y la incertidumbre, analizando los movimientos de precios y el volumen de operaciones. Comprender el sentimiento del mercado puede ayudar a los traders a anticipar las inversiones de tendencia y a identificar posibles oportunidades de compra o venta.

Para realizar el análisis técnico de manera efectiva, los traders utilizan varios componentes clave que ayudan a comprender el comportamiento del mercado y la identificación de tendencias.

Los gráficos de precios forman la base del análisis técnico. Los traders utilizan diferentes tipos de gráficos, como gráficos de barras, gráficos de líneas y gráficos de velas, para visualizar datos históricos de precios. Entre estos, los gráficos de velas son particularmente populares porque proporcionan una vista completa de los movimientos de precios, incluidos los precios de apertura, cierre, máximo y mínimo para un marco de tiempo específico.

Los analistas técnicos confían en varios indicadores para obtener una comprensión más profunda de las tendencias y el impulso del mercado. Estos indicadores incluyen Medias Móviles, Índice de Fuerza Relativa (RSI), Divergencia de Convergencia del Promedio Móvil (MACD) y muchos otros. Cada indicador proporciona información única sobre el impulso del precio, las condiciones de sobrecompra o sobreventa, y posibles cambios de tendencia.

Los niveles de soporte y resistencia son conceptos fundamentales en el análisis técnico. El soporte se refiere a niveles de precios donde el activo tiende a encontrar interés de compra, evitando nuevas caídas de precios. Por el contrario, la resistencia representa niveles de precios donde el interés de venta es prominente, limitando el alza del precio del activo. Identificar estos niveles es esencial para tomar decisiones comerciales.

Los patrones de reversión indican un posible cambio en la dirección de una tendencia. Algunos patrones de reversión comunes incluyen cabezas y hombros, doble techo y doble suelo. Reconocer estos patrones puede señalar posibles cambios de tendencia y ayudar a los traders a posicionarse en consecuencia.

Los patrones de continuación sugieren que es probable que la tendencia prevaleciente continúe después de una breve consolidación. Ejemplos de patrones de continuación incluyen banderas, gallardetes y rectángulos. Reconocer los patrones de continuación puede ayudar a los traders a mantenerse en una operación rentable durante pausas temporales en la tendencia.

El mundo de los mercados de criptomonedas es conocido por su alta volatilidad. El análisis técnico proporciona valiosos conocimientos sobre el sentimiento del mercado y los movimientos de precios, ayudando a los traders a navegar por este paisaje turbulento.

A diferencia de los mercados de valores tradicionales, los mercados de criptomonedas operan las 24 horas del día, los 7 días de la semana. El análisis técnico se vuelve aún más crucial en estos mercados, ya que los traders necesitan monitorear los movimientos de precios y tomar decisiones oportunas en todo momento.

El análisis técnico se utiliza ampliamente en el trading de acciones para identificar patrones de precios históricos que pueden indicar movimientos de precios potenciales. Los traders estudian gráficos para detectar patrones familiares y hacer predicciones sobre el comportamiento futuro del precio de las acciones.

Muchos traders de acciones utilizan estrategias basadas en indicadores como Medias Móviles y Bandas de Bollinger para evaluar el impulso del precio de las acciones y identificar posibles puntos de entrada o salida.

El análisis técnico se basa en gran medida en datos históricos de precios, asumiendo que el rendimiento pasado puede predecir movimientos futuros de precios. Sin embargo, las condiciones del mercado pueden cambiar, haciendo que los patrones históricos sean menos confiables.

Interpretar patrones de gráficos e indicadores implica un grado de subjetividad. Diferentes analistas pueden llegar a diferentes conclusiones a partir de los mismos datos, lo que lleva a estrategias comerciales variadas.

El enfoque más completo para el trading implica combinar el análisis técnico y el análisis fundamental. Mientras que el análisis técnico se centra en tendencias y patrones de precios, el análisis fundamental examina el valor subyacente de un proyecto, su salud financiera y sus perspectivas de crecimiento. Integrar ambos enfoques puede proporcionar una visión completa de las oportunidades de inversión potenciales.

El análisis técnico es una herramienta poderosa utilizada por traders en los mercados financieros, incluidos el trading de criptomonedas y acciones. Al estudiar datos históricos de precios, gráficos de precios e indicadores técnicos, los inversores pueden identificar patrones y tendencias que proporcionan valiosos conocimientos sobre el comportamiento del mercado. Comprender la psicología y el sentimiento del mercado ayuda a los traders a anticipar cambios de tendencia y tomar decisiones informadas sobre posibles puntos de entrada y salida.

Si bien el análisis técnico tiene sus limitaciones, sigue siendo una herramienta valiosa en el arsenal de un trader. La combinación de análisis técnico y fundamental puede mejorar las capacidades de toma de decisiones y proporcionar una comprensión más completa de la dinámica del mercado. A medida que los mercados financieros continúan evolucionando, el análisis técnico seguirá siendo un aspecto crucial del panorama comercial, capacitando a los inversores para navegar por las complejidades del mercado con mayor precisión y confianza. A través de una aplicación juiciosa del análisis técnico, los traders pueden desbloquear el potencial para emprendimientos rentables y navegar por los cambiantes rumbos del mundo financiero.

Estrategias de Gestión del Riesgo para Inversiones en Altcoins y ICOs

El mundo de las criptomonedas ofrece emocionantes oportunidades para que los inversores exploren activos alternativos y participen en proyectos innovadores de blockchain a través de Ofertas Iniciales de Monedas (ICO, por sus siglas en inglés). Sin embargo, con estas oportunidades vienen riesgos inherentes, ya que el mercado de criptomonedas es conocido por su extrema volatilidad y falta de regulación. Para navegar con éxito por este panorama dinámico, son esenciales estrategias prudentes de gestión de riesgos. Esta sección profundiza en la importancia de la gestión de riesgos para las inversiones en altcoins e ICOs, explorando estrategias como la diversificación, el dimensionamiento de posiciones, el establecimiento de órdenes de stop-loss, la realización de la diligencia debida, mantenerse informado sobre las tendencias del mercado y emplear técnicas de cobertura. Al adoptar estas estrategias, los inversores pueden proteger su capital, minimizar pérdidas potenciales y tomar decisiones bien informadas ante la incertidumbre.

Las inversiones en altcoins implican negociar o mantener criptomonedas que no sean Bitcoin, mientras que las inversiones en ICO implican financiar proyectos de blockchain en etapas tempranas. Ambas vías ofrecen un inmenso potencial de ganancia pero vienen con varios riesgos. La volatilidad del mercado, las incertidumbres regulatorias, las vulnerabilidades tecnológicas y posibles estafas son solo algunos de los riesgos que los inversores deben considerar antes de aventurarse en inversiones en altcoins e ICOs.

La diversificación es una estrategia fundamental de gestión de riesgos que implica distribuir las inversiones en diferentes activos. Al diversificar su cartera con una combinación de altcoins e ICOs, los inversores pueden reducir su exposición al riesgo asociado con cualquier activo individual. Una cartera bien diversificada puede ayudar a mitigar el impacto de una posible pérdida de una inversión al equilibrarla con ganancias de otros activos.

Al diversificar su cartera, los inversores deben evaluar la correlación entre diversas altcoins e ICOs. Una baja correlación entre activos asegura que las inversiones tengan menos probabilidades de moverse en la misma dirección durante las fluctuaciones del mercado. Los activos con baja correlación pueden ofrecer una estrategia de reducción de riesgos más efectiva.

El dimensionamiento de posiciones se refiere a asignar capital a cada inversión individual en altcoin o ICO dentro de la cartera. Un dimensionamiento de posiciones sensato es crucial para la gestión de riesgos, ya que determina la cantidad de capital expuesto a cualquier activo individual. Al limitar el tamaño de la posición en relación con la cartera general, los inversores pueden protegerse de pérdidas significativas si una inversión tiene un rendimiento inferior.

Antes de ingresar a cualquier inversión, los inversores deben evaluar cuidadosamente la relación riesgo-rendimiento. Las inversiones de alto riesgo pueden ofrecer el potencial de ganancias sustanciales, pero también llevan una mayor probabilidad de pérdidas significativas. La evaluación de esta relación permite a los inversores seleccionar activos que estén de acuerdo con sus objetivos financieros y el nivel de riesgo que están dispuestos a asumir.

Las órdenes de stop-loss son una herramienta de gestión de riesgos utilizada para proteger las inversiones de caídas sustanciales. Al establecer una orden de stop-loss en un nivel de precio predeterminado, los inversores pueden activar automáticamente una orden de venta si el precio del activo cae a ese nivel. Esto minimiza las pérdidas potenciales y evita la toma de decisiones emocionales en respuesta a cambios repentinos en el mercado.

Para asegurar la efectividad de las órdenes de stop-loss, los inversores deben adherirse a sus puntos de salida predeterminados. Esto requiere disciplina y un compromiso con los principios de gestión de riesgos. Cuando se activa una orden de stop-loss, los inversores deben evaluar objetivamente las condiciones del mercado y considerar reinvertir el capital en otras oportunidades. La

diligencia debida exhaustiva es esencial antes de invertir en cualquier altcoin o participar en una ICO. Los inversores deben investigar la tecnología del proyecto, el equipo, el caso de uso, el panorama competitivo, el potencial de mercado y el compromiso de la comunidad. Comprender los fundamentos ayuda a los inversores a tomar decisiones informadas y evitar proyectos con señales de alerta.

El whitepaper del proyecto es un documento crítico que describe sus objetivos, detalles técnicos y modelo de negocio. Examinar el whitepaper puede proporcionar información valiosa sobre la viabilidad del proyecto y su potencial de éxito. Los inversores deben buscar transparencia, claridad y un plan de trabajo realista.

Los mercados de criptomonedas son altamente dinámicos, y las condiciones del mercado pueden cambiar rápidamente. Para gestionar los riesgos de manera efectiva, los inversores deben monitorear regularmente las tendencias del mercado, las noticias y los desarrollos regulatorios que podrían afectar sus inversiones. Mantenerse informado permite a los inversores ajustar sus estrategias en consecuencia.

Las emociones pueden influir en las decisiones de inversión y llevar a acciones impulsivas durante períodos de volatilidad del mercado. La gestión de riesgos efectiva implica mantener las emociones bajo control y tomar decisiones basadas en una estrategia bien pensada en lugar de reaccionar a movimientos de precios a corto plazo.

Las estrategias de cobertura implican tomar posiciones que compensan las posibles pérdidas en otras inversiones. Algunos inversores utilizan contratos de opciones o futuros para protegerse contra los riesgos a la baja en sus inversiones en altcoins y ICOs. Si bien la cobertura puede agregar complejidad, proporciona protección adicional en condiciones de mercado adversas.

Invertir en altcoins y participar en ICOs presenta emocionantes oportunidades en el mundo de las criptomonedas. Sin embargo, estas oportunidades vienen con riesgos inherentes, lo que requiere que los inversores adopten estrategias prudentes de gestión de riesgos. La diversificación, el dimensionamiento de posiciones, el establecimiento de órdenes de stop-loss, la realización de diligencia debida, mantenerse informado sobre las tendencias del mercado y emplear técnicas de cobertura son elementos esenciales de la gestión de riesgos en este paisaje volátil y en evolución.

Al implementar estas estrategias, los inversores pueden proteger su capital, mitigar posibles pérdidas y tomar decisiones bien informadas. Un enfoque disciplinado y cauteloso de la gestión de riesgos permite a los inversores navegar con confianza por las incertidumbres del mercado de criptomonedas y allanar el camino hacia un crecimiento sostenible en su viaje de inversión. A medida que el mercado de criptomonedas continúa madurando, la gestión de riesgos seguirá siendo un pilar del éxito para los inversores en altcoins y ICOs, asegurando un equilibrio entre riesgo y recompensa en la búsqueda de la prosperidad financiera.

Diversificación y Asignación de Cartera

El dinámico mundo de las criptomonedas presenta una gran cantidad de oportunidades de inversión, con inversiones en altcoins e Initial Coin Offerings (ICOs) que atraen a inversores que buscan rendimientos lucrativos. Sin embargo, el mercado de criptomonedas es conocido por su extrema volatilidad y los riesgos inherentes. Para navegar con éxito por este paisaje desafiante, estrategias prudentes de gestión de riesgos son esenciales. Entre las estrategias más cruciales se encuentran la diversificación y la asignación de cartera. Esta sección explora la importancia de la diversificación y la asignación de cartera para las inversiones en altcoins e ICOs. Al comprender e implementar eficazmente estos principios, los inversores pueden minimizar la exposición al riesgo, optimizar los rendimientos potenciales y crear una cartera de inversiones bien equilibrada y resistente.

La diversificación se erige como un principio fundamental de gestión de riesgos, que implica la asignación estratégica de inversiones en diferentes activos y clases de activos. En el contexto de las inversiones en altcoins e ICOs, la diversificación permite a los inversores dispersar el riesgo entre diversas criptomonedas y proyectos de blockchain. Al hacerlo, reducen el impacto de posibles pérdidas de cualquier inversión única en la cartera general. El objetivo es crear una cartera que pueda soportar condiciones de mercado adversas mientras se beneficia de diversas oportunidades de mercado.

Un aspecto esencial de la diversificación es evaluar las correlaciones entre diferentes activos. Los activos con correlaciones bajas o negativas ofrecen una reducción de riesgos más efectiva, ya que es menos probable que se muevan en la misma dirección durante las fluctuaciones del mercado. El análisis de correlación ayuda a identificar activos que pueden proporcionar beneficios de diversificación y minimizar la volatilidad de la cartera.

Si bien la diversificación puede reducir el riesgo, es vital encontrar un equilibrio con las posibles recompensas. Una cartera bien diversificada incluye una mezcla de activos de alto riesgo y alto rendimiento con activos más estables y de menor riesgo. Encontrar el equilibrio adecuado se alinea con la tolerancia al riesgo y los objetivos financieros del inversor.

La asignación de activos es la distribución de inversiones en diversas clases de activos, con un enfoque principal en las criptomonedas en el contexto de las inversiones en altcoins e ICOs. Los inversores pueden asignar diferentes porcentajes de su cartera a diversas criptomonedas según su apetito por el riesgo y perspectivas del mercado. Por ejemplo, asignando una parte a criptomonedas establecidas como Bitcoin y Ethereum, y otra a altcoins e ICOs prometedores.

Participar en ICOs implica asignar capital a proyectos de blockchain en etapas tempranas. Dado que las ICOs conllevan mayores riesgos en comparación con las criptomonedas establecidas, los inversores deben evaluar cuidadosamente el potencial de cada proyecto y asignar una parte apropiada de su cartera a inversiones en ICOs.

La diligencia debida es crucial para identificar proyectos de ICO prometedores.

Una cartera de criptomonedas bien diversificada generalmente incluye tenencias principales e inversiones especulativas. Las tenencias principales consisten en criptomonedas establecidas con fundamentos sólidos y amplia adopción en el mercado. Estas son el soporte de la cartera, ofreciendo estabilidad y liquidez. Por otro lado, las inversiones especulativas involucran activos más arriesgados con potencial de crecimiento sustancial. Si bien estos activos conllevan un mayor riesgo, también ofrecen la posibilidad de retornos elevados.

La capitalización de mercado puede ser un criterio útil para la asignación de cartera. Las criptomonedas de mayor capitalización, como Bitcoin y Ethereum, generalmente se consideran menos volátiles y más estables, lo que las hace adecuadas para una mayor asignación dentro de la cartera. Dado su mayor volatilidad y riesgo, las criptomonedas de menor capitalización pueden recibir una porción menor.

El riesgo de concentración ocurre cuando una parte significativa de la cartera está invertida en un solo activo o unos pocos activos. La diversificación ayuda a reducir el riesgo de concentración, asegurando que la cartera no dependa excesivamente del rendimiento de activos específicos. Al distribuir las inversiones en varios activos, los inversores protegen su capital de posibles pérdidas importantes en inversiones individuales.

Una cartera diversificada puede actuar como un seguro contra la volatilidad del mercado. Durante períodos de volatilidad elevada, el rendimiento de un activo puede contrarrestar las pérdidas de otro, contribuyendo a la estabilidad general de la cartera. La diversificación puede ayudar a preservar el capital durante condiciones de mercado turbulentas.

Los inversores deben evaluar regularmente el rendimiento de su cartera diversificada y realizar ajustes según sea necesario. Las revisiones periódicas ayudan a garantizar que la cartera se mantenga alineada con la tolerancia al riesgo y los objetivos financieros del inversor. Las condiciones del mercado y los objetivos de inversión pueden cambiar con el tiempo, lo que requiere ajustes en la cartera.

Las fluctuaciones del mercado pueden hacer que la asignación de activos de la cartera se desvíe de la estrategia de diversificación prevista. El reequilibrio implica ajustar las asignaciones de la cartera para restaurar los porcentajes de diversificación deseados. Este proceso ayuda a mantener el perfil riesgo-recompensa de la cartera con el tiempo.

Durante eventos extremos que afectan a todo el mercado, las correlaciones entre criptomonedas pueden aumentar, reduciendo la efectividad de la diversificación como herramienta de gestión de riesgos. La diversificación puede no proteger completamente la cartera de riesgos que afectan a todo el mercado en tales situaciones.

Si bien la diversificación reduce riesgos específicos, no puede eliminar riesgos que afectan a todo el mercado, como cambios regulatorios o eventos geopolíticos, que pueden impactar todo el mercado de criptomonedas. Eventos impredecibles pueden perturbar incluso las carteras más diversificadas.

La diversificación y la asignación de cartera desempeñan un papel fundamental en la gestión de riesgos para las inversiones en altcoins y ICOs. Al distribuir las inversiones en diferentes criptomonedas y proyectos, los inversores pueden minimizar la exposición al riesgo y navegar efectivamente la volatilidad del mercado de criptomonedas. Una cartera bien diversificada equilibra activos de alto riesgo y alta recompensa con tenencias más estables, alineándose con la tolerancia al riesgo y los objetivos financieros del inversor. La evaluación regular de la cartera y el reequilibrio son esenciales para mantener la diversificación y el perfil riesgo-recompensa de la cartera según lo previsto.

Si bien la diversificación tiene sus limitaciones, sigue siendo una herramienta indispensable para los inversores que buscan crear una cartera de criptomonedas resiliente y equilibrada, protegiendo su capital y optimizando posibles retornos en medio del paisaje cambiante de las inversiones digitales. Al combinar la diversificación con una investigación cuidadosa y la gestión de riesgos, los inversores pueden posicionarse para el éxito a largo plazo en el dinámico y prometedor mundo de las criptomonedas.

CAPÍTULO IV

Estrategias de Inversión para Altcoins y ICOs

Inversión a Largo Plazo vs. Corto Plazo

El mercado de criptomonedas ha transformado el panorama de las inversiones, ofreciendo una multitud de oportunidades a través de inversiones en altcoins y la participación en Ofertas Iniciales de Monedas (ICOs). Dentro de este mercado dinámico, los inversores enfrentan una decisión crucial: si adoptar un enfoque de inversión a largo plazo o a corto plazo. La inversión a largo plazo implica mantener activos durante un período prolongado, impulsada por una visión estratégica y la confianza en el potencial a largo plazo de los activos. Por el contrario, la inversión a corto plazo tiene como objetivo capitalizar la volatilidad de precios y los movimientos rápidos del mercado, lo que permite a los traders obtener ganancias de las tendencias a corto plazo. Esta sección profundiza en la importancia de la inversión a largo plazo y a corto plazo para las inversiones en altcoins y ICOs, analizando las ventajas y desafíos de cada estrategia. Al comprender estos enfoques, los inversores pueden alinear su horizonte de inversión con su tolerancia al riesgo y objetivos financieros, fomentando el éxito en el volátil mundo de las criptomonedas.

La inversión a largo plazo encarna un enfoque paciente y estratégico. Los inversores que creen en el potencial transformador de altcoins específicas o proyectos ICO prometedores son más propensos a adoptar un horizonte de inversión a largo plazo. Al mantener activos durante un período prolongado, los inversores a largo plazo buscan superar las fluctuaciones del mercado y capitalizar las tendencias a largo plazo, tomando decisiones que se alinean con su creencia en el valor intrínseco de los activos y las perspectivas futuras.

La inversión a largo plazo requiere una visión estratégica, fundamentada en una investigación y análisis exhaustivos. Los inversores buscan identificar criptomonedas y proyectos ICO con fundamentos sólidos, casos de uso viables y equipos de desarrollo visionarios. La intención es mantener estos activos, confiados en su potencial para lograr un crecimiento significativo con el tiempo.

Al mantener una perspectiva a largo plazo, los inversores pueden capitalizar las tendencias generales del mercado. Por ejemplo, criptomonedas establecidas como Bitcoin y Ethereum han experimentado un crecimiento sustancial a lo largo de los años, recompensando a los inversores a largo plazo que permanecieron firmes en su creencia en estos activos.

La inversión a largo plazo minimiza los costos de transacción, ya que los inversores evitan comprar y vender con frecuencia. Al mantener activos durante períodos prolongados, los inversores evitan las tarifas e impuestos asociados con el comercio frecuente, asegurando una estrategia de inversión más rentable.

Algunas altcoins y proyectos ICO con potencial transformador pueden experimentar un crecimiento exponencial con el tiempo. Los inversores a largo plazo, impulsados por su creencia en estos activos, tienen la oportunidad de obtener ganancias sustanciales en sus inversiones a medida que el mercado madura y la adopción se expande.

El mercado de criptomonedas es famoso por su alta volatilidad y tendencias cíclicas. Los inversores a largo plazo deben mostrar una confianza inquebrantable en sus activos elegidos, navegando por fluctuaciones de precios significativas y declives del mercado con un compromiso firme con su visión estratégica.

Si bien la inversión a largo plazo puede llevar a ganancias significativas, también amarra capital que podría invertirse en otros lugares. Los inversores deben sopesar cuidadosamente los posibles costos de oportunidad, asegurándose de que sus inversiones a largo plazo se alineen con sus objetivos financieros más amplios.

La inversión a corto plazo aprovecha la volatilidad inherente del mercado de criptomonedas, buscando obtener ganancias de movimientos de precios rápidos y fluctuaciones del mercado. Los traders y especuladores emplean estrategias a corto plazo, capitalizando tendencias de corta duración para generar retornos rápidos.

La inversión a corto plazo gira en torno a aprovechar la volatilidad de precios y aprovechar las oportunidades de ganancias rápidas. Los inversores compran y venden con frecuencia, con el objetivo de entrar y salir de posiciones rápidamente para maximizar las ganancias.

La inversión a corto plazo permite a los inversores adaptarse rápidamente a las condiciones del mercado en constante cambio. Los traders pueden entrar y salir de posiciones rápidamente, lo que les permite cortar pérdidas o asegurar ganancias rápidamente a medida que cambian las dinámicas del mercado.

La inversión a corto plazo otorga a los inversores acceso rápido a liquidez. Esta agilidad permite a los traders aprovechar oportunidades rentables y gestionar el riesgo de manera efectiva, respondiendo rápidamente y con precisión a los desarrollos del mercado.

La inversión a corto plazo puede ayudar a mitigar el riesgo a la baja al permitir que los inversores salgan rápidamente de posiciones durante condiciones de mercado desfavorables. Los inversores a corto plazo protegen su capital y mantienen la resistencia financiera al cortar pérdidas temprano.

La inversión a corto plazo depende de un timing de mercado preciso, ya que los movimientos de precios rápidos pueden ser impredecibles y volátiles. Los inversores deben hacer predicciones precisas y ejecutar operaciones con precisión, una tarea desafiante con un riesgo significativo.

La inversión a corto plazo puede llevar a la toma de decisiones emocionales, especialmente durante momentos de estrés del mercado. Emociones como el miedo y la codicia pueden influir en las decisiones comerciales, lo que potencialmente conduce a acciones impulsivas que afectan el rendimiento general de la cartera.

Muchos inversores encuentran éxito al adoptar un enfoque híbrido, combinando estrategias a largo y corto plazo. El núcleo de su cartera está compuesto por tenencias a largo plazo, que ofrecen estabilidad y potencial de crecimiento. Paralelamente, las operaciones a corto plazo capitalizan la volatilidad del mercado, proporcionando oportunidades para ganancias rápidas.

Una combinación de estrategias a largo y corto plazo fomenta la diversificación del riesgo. Los inversores se benefician del potencial de crecimiento a largo plazo de sus tenencias principales, mientras que las operaciones a corto plazo contribuyen a capitalizar las oportunidades del mercado a corto plazo.

En el siempre cambiante mundo de las criptomonedas, la elección entre invertir a largo o corto plazo desempeña un papel fundamental en el éxito del inversor. La inversión a largo plazo requiere convicción en el potencial de un activo y la capacidad de soportar las fluctuaciones de precios y los ciclos del mercado. Ofrece el potencial de retornos sustanciales, pero demanda paciencia y una visión estratégica.

Por otro lado, invertir a corto plazo requiere un timing preciso del mercado, así como la flexibilidad para ajustarse rápidamente a las condiciones de mercado que cambian rápidamente. Los traders capitalizan la volatilidad de precios y se benefician de la liquidez y la flexibilidad, pero deben gestionar los riesgos asociados con los movimientos rápidos del mercado.

Tanto la inversión a largo plazo como la inversión a corto plazo tienen sus ventajas y desafíos. Muchos inversores encuentran éxito al combinar ambos enfoques, creando una cartera equilibrada que se beneficia tanto del potencial de crecimiento a largo plazo como de las oportunidades de ganancias a corto plazo. En última instancia, la elección entre la inversión a largo plazo y a corto plazo debe alinearse con la tolerancia al riesgo del inversor, sus objetivos financieros y su creencia en el potencial a largo plazo del mercado.

En el dinámico mundo de las criptomonedas, los inversores exitosos permanecen adaptables y abiertos a ajustar sus estrategias de inversión en función de las condiciones del mercado. Al comprender los matices de la inversión a largo y corto plazo y emplear un enfoque reflexivo, los inversores pueden navegar con confianza por el mercado de criptomonedas, tomando decisiones bien informadas en este paisaje emocionante e innovador.

Identificación de Proyectos Prometedores de Altcoins y ICOs

El mercado de criptomonedas ha sido testigo de un crecimiento explosivo, atrayendo a numerosos inversores que buscan capitalizar el potencial de las altcoins y las Ofertas Iniciales de Moneda (ICO, por sus siglas en inglés). Sin embargo, con opciones abrumadoras disponibles, no todas las altcoins y proyectos de ICO son iguales. Distinguir los proyectos prometedores del resto es crucial para los inversores que buscan optimizar los retornos y minimizar los riesgos. Esta sección explora los factores y estrategias esenciales involucrados en la identificación de proyectos de altcoin y ICO prometedores. Al comprender estos principios, los inversores pueden tomar decisiones informadas y posicionarse para el éxito en el mundo dinámico y competitivo de las criptomonedas.

La base de cualquier proyecto prometedor de altcoin o ICO radica en su tecnología y caso de uso. Los inversores deben evaluar meticulosamente la tecnología blockchain subyacente, la escalabilidad, las características de seguridad y las aplicaciones prácticas. Los proyectos que abordan problemas del mundo real o ofrecen soluciones innovadoras tienen más probabilidades de ganar tracción en el mercado.

La experiencia y transparencia del equipo de desarrollo juegan un papel fundamental en el éxito de cualquier proyecto de criptomonedas. Los inversores deben investigar minuciosamente las calificaciones del equipo, su historial y comunicación con la comunidad. Un equipo con experiencia relevante y un compromiso con la transparencia infunde confianza en el potencial del proyecto.

El whitepaper es un documento crucial que describe la visión del proyecto, la tecnología, el caso de uso y el plan de trabajo. Un whitepaper bien escrito y transparente proporciona información valiosa sobre los objetivos y la viabilidad del proyecto. Los inversores deben examinar los whitepapers en busca de detalles técnicos y una explicación clara de cómo el proyecto planea alcanzar sus objetivos.

Una comunidad vibrante y comprometida es un indicador positivo para cualquier proyecto de altcoin o ICO. El compromiso activo de la comunidad demuestra un fuerte interés y apoyo al proyecto. Los inversores pueden evaluar el compromiso de la comunidad a través de las redes sociales, los foros y las actualizaciones regulares del proyecto.

Los inversores deben evaluar el tamaño del mercado potencial y la demanda de la solución de la altcoin o ICO. Un análisis de mercado exhaustivo ayuda a identificar proyectos con oportunidades de crecimiento significativas en sus industrias objetivo.

Comprender el panorama competitivo es vital para identificar proyectos prometedores. Los inversores deben analizar proyectos competidores, sus fortalezas, debilidades y participación en el mercado. Los proyectos que ofrecen ventajas únicas sobre los competidores tienen más probabilidades de destacarse y atraer inversores.

La seguridad es una preocupación primordial en el espacio de las criptomonedas. Los proyectos prometedores priorizan medidas de seguridad sólidas para proteger los fondos y datos de los usuarios. Los inversores deben examinar los protocolos de seguridad del proyecto, las auditorías y el historial de violaciones de seguridad pasadas.

El cumplimiento de las regulaciones pertinentes es crucial para el éxito a largo plazo de cualquier proyecto de criptomonedas. Los inversores deben verificar si el proyecto cumple con los requisitos legales y mantiene la transparencia con respecto a los esfuerzos de cumplimiento.

La tokenómica de un proyecto de altcoin o ICO se refiere a la economía y distribución de los tokens nativos del proyecto. Los inversores deben evaluar factores como el suministro de tokens, las tasas de inflación, la utilidad del token y la posible escasez de tokens.

Una distribución de tokens equitativa y bien estructurada es vital para garantizar una participación justa y evitar la centralización de la propiedad de tokens. Los inversores deben evaluar si la distribución de tokens del proyecto se alinea con sus objetivos y fomenta el compromiso de la comunidad.

Los inversores deben analizar el rendimiento histórico y las tendencias de precios de las altcoins con un historial. Examinar los movimientos de precios pasados puede ofrecer información sobre el potencial de crecimiento futuro y la estabilidad de la altcoin.

Los inversores deben investigar el historial del equipo en proyectos de ICO para cumplir con promesas y alcanzar hitos. Un sólido historial aumenta la confianza en la capacidad del proyecto para ejecutar su hoja de ruta.

Los inversores pueden beneficiarse de revisiones y calificaciones externas de fuentes confiables. El análisis independiente proporciona perspectivas adicionales sobre el potencial del proyecto.

Escuchar opiniones de expertos e ideas de figuras prominentes en la industria de las criptomonedas puede ofrecer una guía valiosa para identificar proyectos prometedores.

En el mundo de las criptomonedas en constante evolución, identificar proyectos de altcoin y ICO prometedores es fundamental para los inversores que buscan éxito en sus empresas. Una tecnología sólida, un equipo experimentado, un caso de uso claro y el compromiso de la comunidad son indicadores clave de un proyecto prometedor. La investigación exhaustiva, el análisis del mercado y las evaluaciones de cumplimiento normativo proporcionan información valiosa para tomar decisiones de inversión bien informadas.

Los inversores deben permanecer vigilantes y ejercer la debida diligencia en su evaluación. Evaluar la tokenómica, la distribución de tokens y el rendimiento pasado ayuda a asegurar que el proyecto se alinee con sus objetivos de inversión. Las revisiones externas y las opiniones de expertos añaden una perspectiva adicional al proceso de evaluación.

Al comprender estos factores fundamentales y emplear un enfoque reflexivo en la evaluación de proyectos, los inversores pueden posicionarse para el éxito en la identificación de proyectos prometedores de altcoin y ICO. La investigación diligente y la toma de decisiones informada son esenciales en la búsqueda de oportunidades lucrativas y gratificantes en el mundo siempre cambiante de las criptomonedas. Al invertir en proyectos prometedores, los inversores pueden participar en las emocionantes innovaciones y el potencial del mercado de criptomonedas mientras minimizan los riesgos y maximizan los rendimientos.

Creación de un Plan de Inversión y Establecimiento de Objetivos

El mercado de criptomonedas ha cautivado a los inversores con su potencial para ganancias sustanciales e innovaciones disruptivas. Sin embargo, navegar por este paisaje volátil y cambiante rápidamente exige más que solo entusiasmo ciego. Para tener éxito en las inversiones en altcoins y ICOs, los inversores deben elaborar un plan de inversión bien pensado y establecer metas claras y alcanzables. Esta sección profundiza en la importancia de crear un plan de inversión y establecer metas en las inversiones en altcoins e ICOs. Al entender los componentes y estrategias esenciales, los inversores pueden tomar decisiones informadas, gestionar los riesgos de manera efectiva y optimizar su potencial de éxito en este sector emocionante y siempre cambiante.

Elaborar un plan de inversión integral es la base de un viaje de inversión exitoso en criptomonedas. Sin un camino bien definido, los inversores corren el riesgo de sucumbir a la toma de decisiones emocionales y caer víctimas de los caprichos del mercado. Los siguientes factores subrayan la importancia de un plan de inversión: Un plan de inversión sirve como una brújula, ayudando a los inversores a definir sus objetivos y tolerancia al riesgo.

Clarifica si el objetivo es lograr ganancias a corto plazo, crecimiento a largo plazo o un enfoque equilibrado. Al cuantificar su tolerancia al riesgo, los inversores pueden evaluar el nivel de incertidumbre que están dispuestos a aceptar.

Las emociones pueden ser intensas en el mercado de criptomonedas altamente volátil, lo que lleva a decisiones precipitadas e imprudentes. Un plan de inversión bien estructurado ayuda a los inversores a mantener la cabeza fría y mantenerse enfocados en sus estrategias predeterminadas, evitando obstáculos emocionales.

Un plan de inversión integral comprende varios componentes que forman colectivamente un marco estratégico para las inversiones en criptomonedas. Estos elementos garantizan un enfoque sistemático y disciplinado para la gestión de carteras:

La asignación de activos implica diversificar las inversiones en diferentes criptomonedas y proyectos de ICO. Ayuda a mitigar los riesgos y optimizar los rendimientos al asignar un porcentaje de la cartera a diferentes clases de activos según el apetito de riesgo del inversor y las perspectivas del mercado.

La diversificación es una estrategia fundamental de gestión de riesgos que distribuye las inversiones en una variedad de activos. Al diversificar su cartera, los inversores reducen la exposición al riesgo asociado con cualquier activo único, protegiéndose contra posibles pérdidas.

Los inversores deben determinar su horizonte de inversión, que representa el período de tiempo dentro del cual esperan alcanzar sus objetivos financieros. Las inversiones en altcoins e ICO pueden variar en términos de metas a corto, mediano o largo plazo, lo que requiere diferentes estrategias y niveles de paciencia.

Tener una estrategia de salida clara es vital en el impredecible mercado de criptomonedas. Los inversores deben definir las condiciones bajo las cuales saldrán de una inversión, ya sea para asegurar ganancias, limitar pérdidas o responder a cambios en la dinámica del mercado.

Establecer metas claras y realistas es crucial para lograr el éxito en las inversiones en criptomonedas. Los inversores deben alinear sus objetivos con su tolerancia al riesgo, análisis del mercado y estrategias de diversificación. Las dos categorías principales de metas en las inversiones en criptomonedas son:

Las metas a corto plazo a menudo giran en torno a capitalizar movimientos rápidos de precios y aprovechar oportunidades inmediatas en el mercado. Los inversores pueden establecer objetivos para lograr retornos específicos dentro de un corto período de tiempo.

Las metas a largo plazo implican mantener inversiones con la expectativa de un crecimiento significativo con el tiempo. Dichos inversores creen en el potencial de altcoins prometedoras y proyectos de ICO para realizar ganancias sustanciales a medida que el mercado madura y se expande la adopción.

Al definir sus objetivos de inversión, los inversores deben considerar varios factores críticos que influyen en su perfil de riesgo-recompensa:

Los inversores deben evaluar su tolerancia al riesgo para determinar qué tan cómodos están con las posibles alzas y bajas del mercado de criptomonedas. Una mayor tolerancia al riesgo puede llevar a objetivos de crecimiento más agresivos, mientras que una menor tolerancia al riesgo puede priorizar la preservación del capital.

Establecer metas realistas requiere una comprensión exhaustiva del mercado de criptomonedas. Los inversores deben realizar análisis de mercado, evaluar tendencias de precios históricos y considerar factores externos que puedan afectar el rendimiento del mercado.

La diversificación de los objetivos de inversión puede proporcionar un enfoque equilibrado entre riesgo y recompensa. Al establecer objetivos para diversas clases de activos o estrategias de inversión, los inversores distribuyen su exposición al riesgo y optimizan el rendimiento de su cartera.

Implementar un plan de inversión requiere una investigación exhaustiva y diligencia debida. Los inversores deben evaluar meticulosamente las altcoins y los proyectos de ICO basándose en la tecnología, el equipo, el potencial del mercado y la competencia.

Un plan de inversión bien estructurado incluye estrategias de gestión de riesgos. Los inversores deben estar preparados para ajustar su cartera y tomar medidas necesarias para mitigar los riesgos a medida que cambian las condiciones del mercado.

Los inversores deben monitorear y revisar regularmente el rendimiento de su cartera de inversiones. Las evaluaciones periódicas ayudan a garantizar que la cartera se mantenga alineada con su plan de inversión y objetivos.

Las fluctuaciones del mercado pueden provocar desviaciones de la asignación de activos prevista. El reequilibrio implica ajustar la cartera para restaurar los porcentajes de asignación de activos deseados.

Los mercados de criptomonedas son altamente dinámicos y están sujetos a cambios rápidos. Los inversores deben ser flexibles y estar preparados para ajustar sus objetivos y estrategias según evolucionen las condiciones del mercado.

Aprender de experiencias pasadas puede refinar un plan de inversión. Los inversores deben analizar tanto los éxitos como los errores para refinar sus estrategias y optimizar la toma de decisiones futuras.

Crear un plan de inversión integral y establecer objetivos claros son esenciales para las inversiones en altcoins y ICO. El plan de inversión actúa como una hoja de ruta estratégica, guiando a los inversores a través del mercado de criptomonedas dinámico e impredecible. Los inversores pueden navegar este paisaje en evolución con confianza y propósito al definir objetivos, establecer metas realistas y alinear la tolerancia al riesgo con las estrategias de inversión.

Componentes como la asignación de activos, la diversificación, el horizonte de inversión y las estrategias de salida proporcionan un plano para una gestión disciplinada de la cartera. Combinar objetivos a corto y largo plazo permite a los inversores equilibrar eficazmente el riesgo y la recompensa.

Implementar el plan de inversión requiere investigación diligente, diligencia debida y gestión de riesgos. La supervisión y revisión regular garantizan que la cartera siga en camino, mientras que ajustar los objetivos y estrategias en respuesta a las condiciones del mercado es crucial para el éxito sostenido.

En conclusión, un plan de inversión bien elaborado y objetivos claros permiten a los inversores aprovechar el potencial de las criptomonedas mientras gestionan los riesgos y optimizan los rendimientos. Al adherirse a un enfoque disciplinado e informado, los inversores pueden enfrentar los desafíos y capitalizar las oportunidades presentadas por el dinámico mercado de altcoins y ICO.

Consejos para un Comercio Exitoso de Altcoins y ICOs

Las operaciones con Altcoins y Ofertas Iniciales de Moneda (ICO) han surgido como opciones emocionantes para inversores que buscan capitalizar el vasto potencial del mercado de criptomonedas. Al navegar por este mundo dinámico y volátil, es necesario tener un enfoque estratégico y una comprensión profunda de las variables subyacentes que impulsan las fluctuaciones de precios. A pesar del atractivo de la posibilidad de obtener grandes ganancias, navegar por este panorama puede ser desafiante. Esta sección proporciona a los inversores el conocimiento y los recursos necesarios para tomar decisiones informadas y maximizar sus esfuerzos comerciales mediante el examen de técnicas comerciales cruciales para el éxito en la inversión de Altcoins y ICOs. Siguiendo estos consejos, los traders pueden aumentar sus posibilidades de éxito mientras gestionan los riesgos de manera efectiva en el siempre cambiante mundo de las criptomonedas.

Antes de adentrarse en las operaciones de Altcoins e ICOs, la investigación exhaustiva y la diligencia debida son primordiales. Los traders deben comprender ampliamente los proyectos que están considerando, evaluando factores como la tecnología, el caso de uso, la credibilidad del equipo y el potencial del mercado. Al tomar decisiones informadas basadas en una investigación diligente, los traders pueden mitigar riesgos y evitar posibles obstáculos.

La gestión efectiva del riesgo es un aspecto fundamental del éxito comercial. Los traders deben establecer estrategias claras de gestión del riesgo, incluyendo la fijación de niveles de stop-loss y take-profit, para limitar posibles pérdidas y asegurar ganancias. La implementación de prácticas de gestión de riesgos garantiza que los traders mantengan la disciplina y eviten decisiones impulsadas emocionalmente.

Diversificar una cartera de operaciones entre múltiples Altcoins e ICOs puede ayudar a dispersar el riesgo y reducir la exposición a la volatilidad de activos individuales. Al diversificar, los traders aseguran que posibles pérdidas de una inversión se compensen con ganancias en otras, creando una cartera más equilibrada y resistente.

Las emociones pueden ser el peor enemigo de un trader, llevando a decisiones impulsivas y acciones irracionales. Los traders exitosos aprenden a controlar sus emociones, mantener la disciplina y seguir su plan comercial. Al evitar el trading emocional, los traders pueden tomar decisiones racionales basadas en análisis e investigación, lo que conduce a resultados más consistentes y efectivos.

Los mercados de criptomonedas son altamente sensibles a noticias y tendencias del mercado. Los traders exitosos se mantienen informados sobre desarrollos en la industria, cambios regulatorios y eventos macroeconómicos que puedan impactar el mercado. Tener acceso a la información más reciente permite a los traders reaccionar rápidamente a condiciones de mercado cambiantes y modificar sus estrategias según sea necesario.

El análisis técnico es valioso para entender las tendencias del mercado y tomar decisiones comerciales informadas. Los traders pueden usar varios patrones de gráficos e indicadores técnicos para determinar puntos de entrada y salida probables. Combinar el análisis técnico con la investigación fundamental proporciona una vista integral del mercado, mejorando las habilidades de toma de decisiones de los traders.

Las órdenes de stop-loss son herramientas esenciales para limitar posibles pérdidas en un mercado volátil. Los traders deben establecer niveles de stop-loss estratégicamente, teniendo en cuenta las condiciones del mercado, la volatilidad de los precios y su tolerancia individual al riesgo. Utilizar órdenes de stop-loss sabiamente ayuda a proteger el capital y reducir el impacto de las fluctuaciones repentinas de precios.

El volumen de negociación y la liquidez juegan un papel crucial en el trading de Altcoins y ICOs. Los traders deben centrarse en activos con suficiente volumen de negociación y liquidez para garantizar una ejecución fluida de las operaciones y evitar el deslizamiento de precios. Los activos con baja liquidez pueden ser más susceptibles a la manipulación de precios y movimientos bruscos.

El sentimiento del mercado influye en los movimientos de precios en el mercado de criptomonedas. Los traders deben prestar atención a los indicadores de sentimiento del mercado, las tendencias en las redes sociales y la participación de la comunidad para evaluar con precisión el sentimiento del mercado. Analizar el sentimiento del mercado ayuda a los traders a anticipar posibles cambios de precios y tomar decisiones comerciales bien calculadas.

El dimensionamiento de la posición es un aspecto crucial de la gestión del riesgo. Basándose en su nivel de tolerancia al riesgo y capital de trading, los traders deben elegir el tamaño de posición adecuado. Utilizar un dimensionamiento de posición adecuado garantiza que ninguna operación individual lleve un riesgo excesivo, ayudando a mantener un enfoque comercial equilibrado y sostenible.

El trading es un proceso de aprendizaje continuo, y incluso los traders experimentados cometen errores. Los traders exitosos ven sus errores como oportunidades de mejora y aprendizaje. Analizar operaciones pasadas e identificar áreas de mejora permite a los traders refinar sus estrategias y mejorar su desempeño comercial con el tiempo.

El trading de Altcoins y ICOs ofrece emocionantes oportunidades para que los inversores participen en el siempre cambiante mercado de criptomonedas. Los traders deben adoptar un enfoque estratégico y disciplinado para tener éxito en este paisaje dinámico. La investigación exhaustiva, la gestión del riesgo y la diversificación son componentes esenciales del trading exitoso.

Al mantenerse actualizados con las tendencias del mercado, emplear análisis técnico y controlar las emociones, los traders pueden tomar decisiones informadas y navegar la volatilidad inherente del mercado. El uso sabio de órdenes de stop-loss, el monitoreo del volumen de trading y el análisis del sentimiento del mercado proporcionan herramientas adicionales para el trading efectivo.

A medida que los traders aprenden de sus errores y refinan continuamente sus estrategias, aumentan sus posibilidades de éxito en el trading de Altcoins y ICOs. Al adherirse a estos consejos y desarrollar un enfoque comercial bien redondeado, los traders pueden maximizar su potencial de rentabilidad mientras gestionan eficazmente los riesgos en el emocionante mundo de las criptomonedas.

CAPÍTULO V

Reconociendo Estafas de Inversión y Señales de Alerta

Identificación de Esquemas Ponzi y ICOs Fraudulentas

El mercado de criptomonedas ha generado un gran interés entre inversores de todo el mundo, ofreciendo potencial para ganancias sustanciales e innovaciones tecnológicas. Sin embargo, en medio de esta emoción, el mercado también atrae a actores fraudulentos que buscan aprovecharse de inversores desprevenidos. Los esquemas Ponzi y las Ofertas Iniciales de Moneda (ICO) fraudulentas siguen siendo prevalentes en el mundo de las criptomonedas, representando riesgos significativos para los fondos de los inversores y la integridad general del mercado. Esta sección explora los aspectos críticos para identificar esquemas Ponzi y ICO fraudulentas, equipando a los inversores con el conocimiento y las herramientas necesarias para proteger sus inversiones y tomar decisiones informadas en este paisaje digital en constante evolución.

Los esquemas Ponzi son esquemas de inversión engañosos que prometen altos retornos a inversores anteriores, los cuales son financiados por las contribuciones de nuevos inversores en lugar de ganancias legítimas. Estos esquemas eventualmente colapsan cuando los fondos de nuevos inversores no pueden cubrir los retornos adeudados a los participantes anteriores, lo que lleva a pérdidas significativas para los rezagados.

Las ICO fraudulentas son campañas de recaudación de fondos engañosas que prometen proyectos o tecnologías revolucionarias para atraer inversiones. Sin embargo, estos proyectos suelen estar basados en premisas falsas o nunca se materializan. Las ICO fraudulentas atraen a inversores con perspectivas tentadoras pero no cumplen, lo que resulta en graves pérdidas financieras y desilusión.

Los esquemas Ponzi y las ICO fraudulentas a menudo prometen retornos sobre inversiones poco realistas y insosteniblemente altos. Antes de comprometer sus fondos en un proyecto que parece demasiado bueno para ser verdad, los inversores deben ejercer extrema precaución y llevar a cabo una investigación exhaustiva sobre el negocio.

La transparencia es vital en el espacio de las criptomonedas. Si un proyecto u oportunidad de inversión carece de información clara y detallada sobre tecnología, miembros del equipo y hoja de ruta, puede ser una señal de alerta de actividad fraudulenta potencial.

Los esquemas Ponzi prosperan en los esfuerzos de reclutamiento, alentando a los inversores a traer nuevos participantes para hacer crecer el esquema. Si una oportunidad de inversión depende en gran medida de referencias para ser rentable, podría ser una señal de un esquema Ponzi.

Los whitepapers de ICO deben presentar un plan completo y detallado para el proyecto. Los whitepapers con información vaga o ambigua pueden indicar que el proyecto carece de sustancia o está tratando de ocultar sus verdaderas intenciones.

Las ICO legítimas deben contar con un equipo respetable y verificable detrás del proyecto. Si las identidades de los miembros del equipo no se pueden verificar o no existen, genera sospechas sobre la credibilidad del proyecto.

Los inversores deben investigar a fondo el trasfondo del proyecto, la tecnología y los miembros del equipo. Verificar las credenciales y experiencias previas del equipo puede ayudar a determinar la legitimidad del proyecto.

Revisar cuidadosamente el whitepaper de la ICO es esencial para evaluar la viabilidad y visión del proyecto. Un whitepaper auténtico debe proporcionar información detallada sobre la tecnología, el caso de uso, el análisis de mercado y la economía de tokens.

Interactuar con la comunidad del proyecto y evaluar el nivel de actividad y capacidad de respuesta puede proporcionar información sobre la legitimidad del proyecto y el compromiso con la transparencia.

Las ICO legítimas se esfuerzan por cumplir con las regulaciones pertinentes. Los inversores deben evaluar si el proyecto es transparente sobre su estado regulatorio y demuestra esfuerzos para cumplir con los requisitos legales.

Los proyectos sin un caso de uso claro y práctico plantean preocupaciones sobre su éxito a largo plazo y su potencial de adopción.

Los estafadores a menudo presionan a los inversores para que actúen rápidamente para evitar que realicen una debida diligencia adecuada. Los inversores deben ejercer extrema precaución al considerar cualquier oportunidad de inversión que requiera una acción inmediata.

Para inversores novatos o aquellos que no están seguros acerca de una oportunidad de inversión, buscar consejo de profesionales financieros o expertos en blockchain puede ofrecer ideas valiosas y ayudar a navegar los riesgos potenciales.

Si los inversores encuentran oportunidades de inversión sospechosas o sospechan de actividades fraudulentas, deben informarlo a las autoridades relevantes, como organismos reguladores o agencias de aplicación de la ley. Informar puede ayudar a proteger a otros de caer víctimas de estafas y esquemas fraudulentos.

Como resultado del desarrollo continuo del mercado de criptomonedas, también lo hacen las tácticas de estafadores y actores fraudulentos que buscan aprovecharse de inversores desprevenidos. Identificar esquemas Ponzi e ICO fraudulentas es crucial para proteger las inversiones y preservar la integridad del mercado. Reconocer señales de alarma, realizar una investigación exhaustiva y buscar asesoramiento profesional son prácticas esenciales para todos los inversores.

Al permanecer vigilantes y adherirse a los principios de debida diligencia, transparencia y cumplimiento, los inversores pueden tomar decisiones informadas y contribuir activamente al crecimiento y sostenibilidad del mercado de criptomonedas. Mantenerse informado e informar actividades fraudulentas sospechosas también desempeña un papel vital en la protección de la comunidad en general contra las estafas y en la preservación del futuro prometedor de las criptomonedas como una clase de activo legítima.

Estafas Comunes que Afectan a Inversionistas de Altcoins

El atractivo del mercado de criptomonedas ha atraído a millones de inversores, seducidos por el potencial de ganancias sustanciales e innovaciones tecnológicas. Dentro de este vasto paisaje digital, las criptomonedas alternativas han ganado popularidad por sus características únicas y su potencial para altas ganancias. Sin embargo, con la promesa de ganancias financieras también llega el riesgo de caer víctima de varios esquemas de estafas y fraudulentos. Esta sección explora las estafas comunes dirigidas a los inversores de altcoins, equipándolos con el conocimiento para identificar señales de advertencia y proteger sus inversiones. Al permanecer informados y vigilantes, los inversores pueden navegar por el mercado de manera más segura y preservar sus fondos de actores maliciosos.

Las altcoins han surgido como una opción de inversión tentadora debido a sus diversos casos de uso y tecnologías innovadoras. A diferencia de las criptomonedas establecidas como Bitcoin, las altcoins a menudo abordan desafíos específicos de la industria, prometiendo soluciones novedosas y un potencial de crecimiento significativo. La emoción que rodea a estos proyectos y el atractivo de ganancias rápidas hacen que las inversiones en altcoins sean un blanco principal para estafas y actividades fraudulentas.

Las estafas de phishing implican intentos maliciosos de engañar a los inversores para que revelen información confidencial, como claves privadas o credenciales de inicio de sesión. Los estafadores pueden hacerse pasar por plataformas o intercambios legítimos, enviando correos electrónicos o mensajes engañosos con enlaces maliciosos que pueden llevar al robo de datos y pérdidas financieras.

Los esquemas de bombeo y descarga manipulan el precio de las altcoins de baja liquidez a través de información falsa o bombo. Los estafadores inflan artificialmente el valor de estas monedas, atrayendo a inversores desprevenidos. Una vez que el precio alcanza su punto máximo, los estafadores venden sus tenencias en masa, provocando una caída en el precio y resultando en pérdidas sustanciales para los rezagados.

Las Ofertas Iniciales de Monedas (ICO) fraudulentas atraen a los inversores prometiendo proyectos o tecnologías revolucionarias que nunca se materializan. Los estafadores recaudan fondos a través de estas ICO falsas y ventas de tokens, dejando a los inversores con tokens sin valor o inexistentes y pérdidas financieras significativas.

Los esquemas Ponzi prometen retornos irrealmente altos a los primeros inversores, pero estos retornos son financiados por contribuciones de nuevos inversores, no por ganancias legítimas. A medida que el esquema crece y depende de los fondos de nuevos participantes, se vuelve insostenible, lo que conduce a pérdidas inevitables para los rezagados.

Los estafadores crean perfiles falsos en redes sociales haciéndose pasar por figuras conocidas de la industria o influencers para difundir información falsa y engañar a los inversores. Estos perfiles pueden promocionar proyectos fraudulentos o difundir desinformación para manipular el sentimiento del mercado.

Los inversores deben tener precaución cuando se les presenten oportunidades de inversión que prometan retornos excesivamente altos e irreales. Si una oferta suena demasiado buena para ser verdad, probablemente lo sea.

Los proyectos legítimos mantienen la transparencia proporcionando información detallada sobre su tecnología, miembros del equipo y progreso. Por otro lado, los fraudes a menudo carecen de transparencia y evitan las preguntas sobre sus operaciones.

Los estafadores suelen presionar a los inversores para que tomen decisiones apresuradas, impidiéndoles realizar una debida diligencia adecuada. Los inversores siempre deben tomarse su tiempo para investigar y verificar la información antes de comprometer fondos.

Los proyectos fraudulentos pueden presentar miembros del equipo sin identidades o credenciales verificables. Los proyectos legítimos deberían contar con un equipo reconocido e identificable con un historial de contribuciones previas.

Los proyectos sin un caso de uso claro y práctico plantean preocupaciones sobre su viabilidad a largo plazo y su potencial de adopción en el mundo real. Los inversores deben buscar proyectos con proposiciones de valor tangibles y aplicaciones en el mundo real.

Los inversores deben investigar a fondo cualquier oportunidad de inversión, incluida la tecnología del proyecto, el equipo, el whitepaper y el análisis de mercado. Una investigación diligente ayuda a identificar señales de alerta y posibles riesgos.

Verificar la identidad y la credibilidad de los miembros del equipo del proyecto es esencial. Los inversores deben buscar perfiles en redes sociales, proyectos anteriores y cualquier aparición pública o contribución para garantizar la autenticidad.

Mantenerse al día con las últimas tendencias del mercado, noticias y desarrollos regulatorios ayuda a los inversores a reconocer posibles estafas y tomar decisiones informadas.

Operar e invertir en intercambios de criptomonedas reputados y bien establecidos puede reducir significativamente el riesgo de caer víctima de estafas.

Los inversores deben evitar hacer clic en enlaces sospechosos o responder a mensajes de fuentes desconocidas, ya que pueden ser intentos de phishing para robar información sensible.

Si los inversores se encuentran con posibles estafas o actividades fraudulentas, deberían informarlas a las autoridades pertinentes, como agencias reguladoras o fuerzas del orden, para proteger a otros de caer víctimas.

Las inversiones en altcoins ofrecen oportunidades emocionantes para inversores que buscan rendimientos más altos y tecnologías innovadoras. Sin embargo, el mercado de criptomonedas también está plagado de estafas y esquemas fraudulentos que pueden llevar a pérdidas financieras significativas.

Reconocer las estafas comunes dirigidas a los inversores de altcoin es esencial para salvaguardar las inversiones y preservar la integridad del mercado. Los inversores pueden navegar por el mercado de criptomonedas con mayor confianza al mantenerse informados, realizar una investigación exhaustiva y tener precaución cuando se enfrenten a oportunidades sospechosas.

Permanecer vigilantes y adoptar medidas de seguridad, como utilizar plataformas de confianza e informar sobre posibles estafas, son prácticas esenciales para protegerse a uno mismo y a la comunidad en general de actividades fraudulentas. A medida que el mercado evoluciona, la conciencia continua y la diligencia empoderarán a los inversores para tomar decisiones más seguras y mejor informadas, contribuyendo al crecimiento y la sostenibilidad del panorama de inversión en altcoins.

Técnicas de Debida Diligencia e Investigación

El mercado de criptomonedas ha cautivado a inversores de todo el mundo, prometiendo oportunidades lucrativas y avances tecnológicos. Sin embargo, también alberga riesgos inherentes en medio de las posibles recompensas, lo que hace que la debida diligencia y la investigación sean esenciales para navegar por este paisaje dinámico. Esta sección explora la importancia de la debida diligencia y las técnicas de investigación en las inversiones en criptomonedas, permitiendo a los inversores tomar decisiones informadas, mitigar riesgos y aumentar sus posibilidades de éxito.

En el mundo en rápida evolución de los activos digitales, la debida diligencia sirve como piedra angular de la inversión responsable. Implica llevar a cabo una investigación y análisis exhaustivos para evaluar la viabilidad, el potencial y los riesgos de una oportunidad de inversión. Al participar en la debida diligencia, los inversores pueden obtener una comprensión más profunda de los activos que consideran, identificar posibles señales de alerta y tomar decisiones informadas que se alineen con sus objetivos de inversión. Además, la debida diligencia es crucial para mitigar los riesgos prevalentes en el mercado de criptomonedas, que es conocido por su volatilidad y susceptibilidad a estafas y esquemas fraudulentos. Al identificar y evitar proyectos fraudulentos, los inversores pueden minimizar el riesgo de pérdidas financieras y proteger su capital.

Las técnicas de investigación fundamentales juegan un papel vital en la comprensión del valor intrínseco y el potencial de una criptomoneda o proyecto. La revisión de los whitepapers proporciona información crucial sobre la tecnología subyacente, el caso de uso y la visión de las criptomonedas y ICOs. Evaluar las credenciales del equipo permite a los inversores medir la credibilidad del proyecto y su capacidad para ejecutar su visión de manera efectiva. Analizar la tecnología que sustenta una criptomoneda ayuda a evaluar su potencial para la adopción del mundo real y la escalabilidad, mientras que el análisis de mercado proporciona un contexto valioso para las inversiones potenciales.

Complementando la investigación fundamental, el análisis técnico ayuda a los inversores a tomar decisiones de entrada y salida en el mercado de manera oportuna. Los inversores pueden anticipar posibles movimientos de precios y sentimientos del mercado estudiando gráficos de precios históricos e identificando patrones, tendencias e indicadores. Además, evaluar el volumen de operaciones y la liquidez ayuda a medir la actividad y estabilidad del mercado de una criptomoneda, reduciendo el riesgo de manipulación de precios.

Más allá de la investigación interna, los métodos de verificación externos también juegan un papel crucial en la debida diligencia. Analizar el compromiso de la comunidad de una criptomoneda en foros y plataformas de redes sociales ofrece retroalimentación e información valiosa sobre la reputación y legitimidad del proyecto. Monitorear fuentes de medios de comunicación confiables mantiene informados a los inversores sobre los desarrollos del mercado y los cambios regulatorios que pueden afectar los precios de las criptomonedas.

Sin embargo, la debida diligencia en el mercado de criptomonedas no está exenta de desafíos. La asimetría de la información es común, ya que algunos proyectos carecen de transparencia, lo que dificulta que los inversores accedan a datos confiables. Además, las estafas y proyectos fraudulentos son prevalentes, exigiendo una vigilancia intensificada de los inversores para evitar caer víctimas de promesas poco realistas o falta de transparencia.

Construir un proceso de debida diligencia estructurado es esencial para la toma de decisiones efectiva. Establecer objetivos de inversión claros permite a los inversores enfocar su investigación en activos que se alineen con su tolerancia al riesgo y objetivos. Confiar en múltiples fuentes confiables garantiza una perspectiva equilibrada sobre una criptomoneda o proyecto. Verificar la información a través de múltiples canales garantiza precisión y autenticidad.

En conclusión, las técnicas de debida diligencia y de investigación son pilares indispensables en las inversiones en criptomonedas. Navegar por el mercado dinámico y rápido requiere una comprensión integral y la toma de decisiones informadas. Al adoptar metodologías de investigación sistemáticas, los inversores pueden mitigar riesgos, identificar oportunidades valiosas y aumentar sus posibilidades de éxito. Equipados con las herramientas y el conocimiento de la debida diligencia, los inversores pueden embarcarse en un camino de inversión responsable e informada, contribuyendo al crecimiento y la maduración del mercado de criptomonedas.

Reportar Estafas y Proteger sus Inversiones

El rápido ascenso de las criptomonedas ha revolucionado el panorama financiero, atrayendo a millones de inversores con promesas de altos retornos y avances tecnológicos. Sin embargo, en medio del atractivo de las ganancias potenciales, el mercado de criptomonedas está plagado de estafas y actividades fraudulentas que pueden poner en peligro el dinero duramente ganado de los inversores. Esta sección explora la importancia crítica de reportar estafas y proteger las inversiones en el mercado de criptomonedas. Al aumentar la conciencia, comprender las estafas comunes e implementar medidas de seguridad, los inversores pueden resguardar sus activos y contribuir a un ecosistema criptográfico más seguro y resiliente.

La naturaleza descentralizada y pseudónima de las criptomonedas ha atraído tanto a proyectos legítimos como a individuos sin escrúpulos que buscan explotar la falta de supervisión regulatoria. Han surgido diversas estafas dirigidas a inversores, que van desde esquemas Ponzi y ICOs falsas hasta ataques de phishing y esquemas de pump-and-dump. Comprender los tipos de estafas prevalentes en el mercado es crucial para reconocer las señales de advertencia y proteger las inversiones.

El esquema Ponzi es una de las estafas más prevalentes en el mercado de criptomonedas. Estos esquemas prometen altos retornos con riesgo mínimo, pero en lugar de generar ganancias a través de medios legítimos, dependen de los fondos de nuevos inversores para pagar los retornos a participantes anteriores. A medida que el esquema crece, se vuelve insostenible, lo que resulta en pérdidas devastadoras para los rezagados.

Otra estafa que ha victimizado a muchos inversores es la ICO falsa o venta de tokens. Las ICOs fraudulentas presentan proyectos tentadores con promesas grandiosas pero carecen de cualquier sustancia real o intención de cumplir con sus compromisos. Estas estafas recaudan fondos a través de la venta de tokens sin valor o inexistentes, dejando a los inversores con las manos vacías.

Los ataques de phishing también son comunes en el espacio de las criptomonedas. Los estafadores utilizan diversas tácticas engañosas para hacerse pasar por plataformas o intercambios legítimos y engañar a los inversores para que revelen información sensible, como claves privadas o credenciales de inicio de sesión. Estos ataques pueden resultar en el robo de datos personales, así como de recursos financieros.

Los esquemas de pump-and-dump son otro tipo de estafa que manipula el precio de criptomonedas de baja liquidez a través de información falsa o hype, inflando artificialmente su valor. Una vez que el precio alcanza su punto máximo, los estafadores venden sus tenencias, provocando que el precio caiga en picada y resultando en pérdidas significativas para los inversores desprevenidos.

Reportar estafas no solo es crucial para proteger a los inversores individuales, sino también para resguardar a la comunidad criptográfica en general. Al alertar a otros sobre posibles amenazas, los inversores pueden prevenir que más personas caigan víctimas de estafas y actividades fraudulentas. Además, reportar estafas proporciona información valiosa a las agencias de aplicación de la ley y autoridades regulatorias, ayudando en sus esfuerzos para investigar y tomar medidas legales contra los perpetradores. Esto, a su vez, desalienta futuras actividades fraudulentas y promueve la responsabilidad dentro de la industria de las criptomonedas.

Realizar una investigación exhaustiva es fundamental antes de invertir en cualquier proyecto o criptomoneda. Revisar los whitepapers, investigar el historial del equipo y evaluar la viabilidad del proyecto y su caso de uso en el mundo real son esenciales para identificar posibles estafas y proyectos de baja calidad. Verificar las fuentes es crucial en la era de la información. Ten precaución con la información de fuentes desconocidas o poco confiables. Confía en medios de noticias reputados e influencers de confianza para obtener actualizaciones y análisis.

Asegurar tus fondos es vital para proteger tus inversiones. Utiliza monederos seguros y emplea las mejores prácticas para proteger tus tenencias de criptomonedas. Habilita la autenticación de dos factores (2FA) y evita compartir información sensible en línea. Mantenerse informado es esencial para reconocer posibles estafas y tomar mejores decisiones de inversión. Mantente al día con las últimas noticias y tendencias del mercado. Educarte sobre los diversos tipos de estafas y cómo operan es una herramienta poderosa para identificar señales de advertencia y protegerte del fraude.

Si sospechas de una estafa o actividad fraudulenta, documenta todas las pruebas relevantes, incluidas comunicaciones, transacciones y cualquier otra información de apoyo. Informa la estafa a las autoridades pertinentes, como los reguladores financieros o las agencias de aplicación de la ley. Proporciónales todas las pruebas que hayas recopilado. Informa a la comunidad sobre la estafa a través de redes sociales, foros de criptomonedas y canales comunitarios. Compartir tu experiencia puede ayudar a prevenir que otros inversores caigan víctimas de la misma estafa.

El mercado de criptomonedas ofrece un tremendo potencial para los inversores que buscan oportunidades financieras e innovación tecnológica. Sin embargo, las estafas y actividades fraudulentas representan riesgos significativos para la comunidad. Reconocer estafas comunes, aumentar la conciencia y denunciar actividades fraudulentas son pasos críticos para proteger tus inversiones y contribuir a un ecosistema cripto más seguro.

Al realizar una investigación exhaustiva, mantenerte informado e implementar medidas de seguridad, los inversores pueden reducir su vulnerabilidad a las estafas y tomar decisiones de inversión más informadas. Además, denunciar estafas a las autoridades ayuda a combatir actividades fraudulentas y promueve un mercado de criptomonedas más responsable y transparente.

Proteger tus activos en el mercado de criptomonedas es una responsabilidad colectiva. A través de la vigilancia, la educación y la colaboración, los inversores pueden navegar por el panorama cripto con mayor confianza, contribuyendo en última instancia al crecimiento y la sostenibilidad a largo plazo de la industria de activos digitales.

CAPÍTULO VI

Carteras de Altcoins y Seguridad

Diferentes Tipos de Carteras de Altcoins

Las criptomonedas han generado la necesidad de soluciones de almacenamiento seguras y accesibles. Las carteras de altcoins protegen los activos digitales, permitiendo a los usuarios almacenar, enviar y recibir criptomonedas fuera de los exchanges centralizados. Esta sección explora los diferentes tipos de carteras de altcoins disponibles para los usuarios de criptomonedas. Al comprender las características, beneficios y desventajas de cada tipo de cartera, los inversores pueden tomar decisiones informadas con confianza y tomar el control de sus activos digitales.

En el mundo de las criptomonedas, las carteras de altcoins son herramientas esenciales para gestionar activos digitales. A diferencia de las monedas fiduciarias tradicionales, las criptomonedas se almacenan en carteras digitales, brindando a los usuarios control total sobre sus fondos sin depender de una autoridad central. Las carteras de altcoins sirven como una puerta de entrada al mundo de las finanzas descentralizadas, permitiendo a los usuarios gestionar sus activos digitales de manera segura.

Las carteras calientes son carteras digitales que permanecen conectadas a Internet, brindando acceso fácil a criptomonedas para transacciones regulares. Estas carteras son accesibles a través de varios dispositivos, incluyendo teléfonos inteligentes, computadoras y tabletas, lo que permite a los usuarios gestionar sus activos sobre la marcha. Las carteras calientes vienen en diferentes formas, como carteras de software y carteras móviles. Las carteras de software están disponibles como aplicaciones de escritorio, móviles o basadas en web, ofreciendo conveniencia y facilidad de uso para transacciones diarias. Sin embargo, su conectividad en línea también las hace más susceptibles a brechas de seguridad. Por otro lado, las carteras móviles están diseñadas específicamente para teléfonos inteligentes, ofreciendo acceso rápido a fondos y haciéndolas ideales para compras minoristas y transacciones entre pares.

Las carteras frías, también conocidas como carteras de hardware, proporcionan una solución de almacenamiento sin conexión para criptomonedas, desconectadas de Internet. Este aislamiento añade una capa adicional de seguridad, protegiendo los fondos de posibles amenazas en línea. Las carteras de hardware son dispositivos pequeños y portátiles que almacenan claves privadas de criptomonedas de manera segura sin conexión. Los usuarios pueden conectar la cartera de hardware a una computadora o teléfono inteligente cuando sea necesario para ejecutar transacciones. Consideradas una de las opciones de almacenamiento a largo plazo más seguras, las carteras de hardware proporcionan tranquilidad a los inversores preocupados por la seguridad. Otro tipo de cartera fría es la cartera de papel, que implica generar e imprimir claves de criptomonedas en un trozo de papel físico. Si bien las carteras de papel ofrecen una solución de almacenamiento completamente fuera de línea, los usuarios deben manejar el papel con extrema precaución para evitar pérdidas o daños.

Las carteras web, también conocidas como carteras en línea, son accesibles a través de navegadores de Internet. Estas carteras son alojadas por proveedores de servicios de terceros, lo que las hace convenientes para acceder rápidamente a los fondos. Sin embargo, confiar las claves privadas a proveedores de terceros introduce riesgos de contraparte, ya que los usuarios deben confiar en las prácticas de seguridad de la plataforma de alojamiento.

Las carteras de escritorio son aplicaciones de software instaladas en computadoras personales, ofreciendo un equilibrio entre seguridad y conveniencia. Los usuarios tienen control sobre sus claves privadas y pueden acceder a sus fondos sin conexión. Las carteras de escritorio son populares entre los usuarios que priorizan la seguridad mientras mantienen la capacidad de acceder fácilmente a sus fondos. Sin embargo, son susceptibles a virus informáticos, malware y fallas de hardware, lo que requiere que los usuarios tomen medidas de seguridad proactivas.

Las carteras multi-firma, o carteras multisig, requieren múltiples firmas para autorizar transacciones. Esta característica mejora la seguridad, ya que una sola clave comprometida no otorga acceso a los fondos. Las carteras multi-firma son adecuadas para empresas y organizaciones que requieren medidas de seguridad más estrictas. Sin embargo, configurar y gestionar acuerdos de múltiples firmas puede ser más complejo en comparación con las carteras tradicionales.

Las carteras móviles están diseñadas específicamente para teléfonos inteligentes, proporcionando una forma conveniente de gestionar criptomonedas sobre la marcha. Las carteras móviles ofrecen portabilidad y accesibilidad, lo que las hace ideales para transacciones diarias. Sin embargo, los usuarios deben tomar precauciones para proteger sus dispositivos contra el robo o el acceso no autorizado.

Al seleccionar una cartera de altcoins, se deben considerar varios factores:

La seguridad de una cartera de altcoins es primordial. Los usuarios deben evaluar las características de seguridad de cada tipo de cartera y seleccionar aquella que se alinee con su tolerancia al riesgo y necesidades de almacenamiento.

Considerar la facilidad de uso y accesibilidad de la cartera. Los traders frecuentes pueden preferir las carteras calientes para un acceso rápido, mientras que los inversores a largo plazo pueden optar por las carteras frías para una seguridad mejorada.

Las opciones de respaldo y recuperación de la cartera son críticas. Los usuarios deben comprender el proceso para recuperar sus fondos en caso de pérdida o daño de sus carteras.

Las carteras de altcoins son herramientas indispensables para gestionar y proteger criptomonedas en el paisaje financiero descentralizado. Desde las carteras calientes que ofrecen conveniencia hasta las carteras frías que priorizan la seguridad, los usuarios tienen diversas opciones basadas en sus necesidades y preferencias individuales. Al comprender los diferentes tipos de carteras de altcoins y considerar la seguridad, la accesibilidad y las opciones de respaldo, los inversores pueden almacenar y gestionar sus activos digitales con confianza, asegurando una experiencia segura y sin problemas en el mercado de criptomonedas. La adopción de estas carteras permite a los usuarios tomar el control de sus finanzas, contribuyendo a la amplia adopción y crecimiento de las criptomonedas en todo el mundo.

Mejores Prácticas para Asegurar sus Activos Digitales

Las criptomonedas han introducido una nueva era de libertad financiera, donde los individuos pueden tomar el control de sus activos sin depender de los sistemas bancarios tradicionales. Sin embargo, con este nuevo poder viene la responsabilidad de proteger los activos digitales de posibles amenazas. La naturaleza descentralizada de las criptomonedas, aunque ofrece beneficios, también presenta desafíos de seguridad únicos. Esta sección explora las mejores prácticas para asegurar tus activos digitales, capacitando a los inversores en criptomonedas para proteger sus inversiones y navegar el paisaje en constante evolución de las finanzas digitales.

La propiedad de criptomonedas otorga a los usuarios un control completo sobre sus fondos, pero también los expone a riesgos potenciales. A diferencia de los sistemas financieros tradicionales con salvaguardas incorporadas, el ecosistema de las criptomonedas depende en gran medida de la responsabilidad individual en materia de seguridad. Comprender la importancia de asegurar los activos digitales es el primer paso para adoptar las mejores prácticas.

Seleccionar una billetera de criptomonedas reputada y segura es fundamental para proteger tus activos digitales. Las billeteras vienen en diversas formas, como hardware, software, móviles y basadas en web. Cada tipo tiene sus fortalezas y debilidades, así que evalúa cuidadosamente tus necesidades de seguridad y elige una billetera que se alinee con ellas.

Las billeteras de hardware se consideran las más seguras, ya que almacenan claves privadas fuera de línea, lejos de posibles amenazas en línea. Las billeteras de software, aunque son convenientes, pueden exponer los fondos a ciberataques si no se protegen adecuadamente. Además, investiga y verifica minuciosamente la reputación de los proveedores de billeteras antes de confiarles tus activos.

Las contraseñas débiles son una vulnerabilidad común en la seguridad de los activos digitales. Utiliza contraseñas fuertes y únicas para cada cuenta y billetera de criptomonedas. Es posible mejorar significativamente la seguridad de tus contraseñas utilizando una combinación de letras minúsculas y mayúsculas, números y caracteres especiales.

Habilita la autenticación de dos factores (2FA) siempre que sea posible, añadiendo una capa adicional de protección a tus cuentas. Este método de autenticación requiere que los usuarios proporcionen un segundo código de verificación, generalmente generado a través de un dispositivo móvil, antes de acceder a sus cuentas. La 2FA puede disuadir el acceso no autorizado incluso si un atacante logra obtener tu contraseña.

Las claves privadas son las claves digitales para tus criptomonedas, y protegerlas es fundamental. Almacena tus claves privadas de forma segura fuera de línea, idealmente utilizando billeteras de hardware, billeteras de papel o métodos de respaldo seguros. Evita almacenar claves privadas en dispositivos conectados a internet, ya que esto aumenta el riesgo de robo mediante piratería o malware.

Al generar y utilizar claves privadas, asegúrate de hacerlo en un entorno seguro y de confianza, libre de posibles vigilancias o amenazas de malware. Considera utilizar dispositivos sin conexión a internet o módulos de seguridad de hardware para una protección adicional.

Las actualizaciones de software y firmware son críticas para mantener la seguridad de tus billeteras y dispositivos. Los proveedores de billeteras de criptomonedas a menudo lanzan actualizaciones para abordar vulnerabilidades y mejorar las medidas de seguridad. Siempre mantente atento a las nuevas actualizaciones y asegúrate de instalarlas lo antes posible para garantizar que las medidas de seguridad más recientes estén en vigencia.

Los ataques de phishing siguen siendo una amenaza significativa en el espacio de las criptomonedas. Los estafadores intentan engañar a los usuarios para que revelen su información sensible, como contraseñas o claves privadas, a través de sitios web falsos, correos electrónicos o mensajes en redes sociales. Siempre verifica la autenticidad de los sitios web y verifica dos veces las direcciones de correo electrónico antes de proporcionar cualquier información. Las empresas legítimas nunca solicitarán datos sensibles a través de correo electrónico o mensajes directos.

Cuando comuniques en línea sobre tus tenencias o transacciones de criptomonedas, asegúrate de que tus comunicaciones estén cifradas. Utiliza aplicaciones de mensajería seguras o métodos de cifrado de extremo a extremo para proteger tus mensajes de la interceptación por parte de partes no autorizadas.

Realiza copias de seguridad periódicas de tus billeteras y claves privadas para protegerte contra pérdidas o daños. Crea múltiples copias de tus respaldos y almacénalos en diferentes ubicaciones seguras, como cajas de seguridad físicas o cajas de seguridad. Implementa una estrategia de respaldo sólida para asegurarte de que puedas recuperar tus fondos en caso de fallo del hardware u otros eventos imprevistos.

Evita usar redes Wi-Fi públicas para actividades relacionadas con criptomonedas, ya que estas redes son vulnerables a hackeos y escuchas. El Wi-Fi público puede exponer tus dispositivos y comunicaciones a posibles riesgos de seguridad, lo que los hace inadecuados para acceder a billeteras de criptomonedas o realizar transacciones financieras.

Evita compartir información sensible sobre tus tenencias o transacciones de criptomonedas con otros, especialmente en foros públicos o plataformas de redes sociales. Mantén tus actividades de inversión privadas para minimizar el riesgo de ataques dirigidos o estafas.

Asegurar tus activos digitales es esencial para proteger tus inversiones en criptomonedas y mantener el control sobre tus fondos. La naturaleza descentralizada de las criptomonedas empodera a los usuarios con una soberanía financiera sin precedentes, pero también exige un enfoque proactivo en cuanto a seguridad.

Al implementar mejores prácticas, como elegir billeteras de buena reputación, utilizar contraseñas fuertes y 2FA, asegurar las claves privadas fuera de línea y mantenerse alerta contra intentos de phishing, los inversionistas pueden reducir significativamente su exposición a riesgos de seguridad. Permanecer cauteloso con las redes Wi-Fi públicas, actualizar regularmente el software y cifrar las comunicaciones añaden capas adicionales de protección a tus activos digitales.

La responsabilidad de asegurar los activos digitales recae completamente en el individuo, pero al adherirse a estas mejores prácticas y mantenerse informado sobre las medidas de seguridad en evolución, los inversionistas pueden navegar con confianza el panorama de las criptomonedas y proteger sus inversiones en el emocionante mundo de las finanzas digitales.

Almacenamiento en Frío vs. Carteras Calientes: Pros y Contras

El siempre creciente mundo de las criptomonedas ha generado la necesidad de soluciones de almacenamiento seguras para proteger los activos digitales. Las billeteras de altcoins, diseñadas para contener diversas criptomonedas, se dividen principalmente en dos tipos: almacenamiento en frío y billeteras calientes. Cada tipo ofrece ventajas y desventajas distintas, adaptándose a diferentes necesidades de seguridad y preferencias de los usuarios. Esta sección tiene como objetivo comparar el almacenamiento en frío y las billeteras calientes de altcoins, explorando sus respectivas ventajas y desventajas, para ayudar a los inversores de criptomonedas a tomar decisiones informadas sobre el mejor método de almacenamiento para sus activos digitales.

El almacenamiento en frío de altcoins implica guardar criptomonedas en una billetera que no está conectada a internet. Este método de almacenamiento sin conexión proporciona una capa adicional de seguridad contra amenazas en línea, como hacking, malware y ataques de phishing. Las billeteras de almacenamiento en frío mantienen las claves privadas necesarias para acceder y realizar transacciones con criptomonedas de manera segura sin conexión.

El almacenamiento en frío de altcoins ofrece varias ventajas. En primer lugar, ofrece una protección aumentada, convirtiéndolo en uno de los métodos más seguros para almacenar criptomonedas. Al mantener las claves privadas sin conexión, las billeteras en frío están protegidas de posibles ciberataques y vulnerabilidades en línea. Además, el almacenamiento en frío protege contra hacks y accesos no autorizados, reduciendo significativamente el riesgo de comprometer activos digitales. Las transacciones sin conexión son otra ventaja del almacenamiento en frío, ya que los usuarios pueden crear y firmar transacciones sin conexión, asegurando la seguridad de sus claves privadas.

Sin embargo, el almacenamiento en frío tiene limitaciones. Su naturaleza sin conexión lo hace menos accesible para transacciones regulares, lo que requiere que los usuarios transfieran fondos a una billetera caliente o servicio en línea antes de realizar transacciones, lo que puede llevar tiempo. Además, las billeteras en frío no son inmunes a vulnerabilidades físicas y son susceptibles a daños, pérdidas o robos. Los usuarios deben manejar el dispositivo físico con cuidado y tener un plan de respaldo en caso de eventos inesperados.

Las billeteras calientes de altcoins, en contraste, son billeteras digitales que permanecen conectadas a internet. Estas billeteras ofrecen una mayor accesibilidad y conveniencia para transacciones diarias, lo que las hace adecuadas para traders activos y usuarios frecuentes.

Las billeteras calientes ofrecen varias ventajas. En primer lugar, ofrecen conveniencia, permitiendo a los usuarios acceder en tiempo real a las criptomonedas, lo que facilita transacciones rápidas y fáciles cuando sea necesario. Esta conectividad a internet inmediata facilita las transacciones rápidas sin la necesidad de pasos adicionales como la transmisión de transacciones firmadas. Además, las billeteras calientes están diseñadas pensando en la facilidad de uso, lo que las hace accesibles para los recién llegados y aquellos menos conocedores de la tecnología.

Sin embargo, las billeteras calientes también tienen sus desventajas. Las vulnerabilidades de seguridad son una preocupación importante, ya que las billeteras calientes están más expuestas a amenazas en línea debido a su conexión constante a internet. Los usuarios deben permanecer vigilantes contra los ataques de phishing, el malware y los intentos de hacking. La accesibilidad de las billeteras calientes puede llevar a posibles violaciones de seguridad si los usuarios no implementan medidas de seguridad robustas o son víctimas de estafas. Además, muchas billeteras calientes son alojadas por proveedores de terceros, exponiendo a los usuarios al riesgo de contraparte. Los usuarios deben confiar en las prácticas de seguridad del proveedor para proteger sus fondos.

La selección del método de almacenamiento adecuado para altcoins requiere un equilibrio cuidadoso entre seguridad y accesibilidad. La elección depende en gran medida de los objetivos de inversión individuales, la tolerancia al riesgo y los patrones de uso.

Para inversores con una perspectiva a largo plazo, el almacenamiento en frío ofrece una seguridad incomparable al mantener las claves privadas fuera de línea, protegiéndose contra posibles amenazas en línea e intentos de hacking. Mantener porciones significativas de sus activos fuera de línea puede reducir el riesgo de pérdida debido a ciberataques.

En contraste, los traders activos y los usuarios frecuentes pueden optar por billeteras calientes debido a su conveniencia y accesibilidad en tiempo real. Sin embargo, deben implementar diligentemente fuertes medidas de seguridad para proteger sus fondos.

Para muchos inversores, adoptar un enfoque híbrido que combine tanto el almacenamiento en frío como las billeteras calientes puede ofrecer lo mejor de ambos mundos. Mantener una parte importante de los fondos en almacenamiento en frío para seguridad a largo plazo y utilizar una billetera caliente para transacciones regulares equilibra la seguridad y la accesibilidad.

El almacenamiento en frío de altcoins y las billeteras calientes ofrecen ventajas y desventajas únicas, que atienden a diferentes necesidades de seguridad y preferencias de los usuarios. El almacenamiento en frío ofrece una seguridad incomparable al mantener las claves privadas fuera de línea, protegiéndose contra posibles amenazas en línea e intentos de hacking. Sin embargo, viene con el inconveniente de una accesibilidad limitada, lo que requiere pasos adicionales para realizar transacciones.

Las billeteras calientes ofrecen conveniencia y acceso en tiempo real a las criptomonedas, lo que las hace adecuadas para transacciones regulares y trading activo. Sin embargo, la conexión constante a internet expone a las billeteras calientes a vulnerabilidades de seguridad, exigiendo prácticas de seguridad vigilantes por parte de los usuarios.

En última instancia, la elección entre el almacenamiento en frío y las billeteras calientes depende de las preferencias individuales y los objetivos de inversión. Un enfoque híbrido que combine ambos métodos puede proporcionar una solución integral, permitiendo a los inversores disfrutar de la seguridad del almacenamiento en frío para tenencias a largo plazo y la conveniencia de las billeteras calientes para transacciones diarias. Independientemente del método elegido, adherirse a las mejores prácticas de seguridad es esencial para proteger los activos digitales y garantizar una experiencia segura y sin problemas en el dinámico mundo de las criptomonedas.

Protección contra Hacks y Amenazas de Ciberseguridad

La creciente popularidad de las altcoins ha abierto un mundo de nuevas oportunidades de inversión en el mercado de criptomonedas. Sin embargo, junto con el potencial de ganancias lucrativas, también viene la amenaza constante de ataques informáticos y violaciones de seguridad. A medida que los activos digitales continúan ganando prominencia, los inversores deben priorizar medidas de seguridad para proteger sus tenencias de altcoins. Esta sección profundiza en los diversos tipos de ataques informáticos y amenazas de ciberseguridad prevalentes en el espacio de las altcoins y proporciona estrategias esenciales para salvaguardar sus activos digitales de manera efectiva.

El mundo de las criptomonedas, especialmente en el espacio de las altcoins, enfrenta una amplia gama de amenazas de piratería y ciberseguridad que pueden comprometer los activos digitales de los inversores. Los ataques de phishing están entre las amenazas más comunes, donde los estafadores utilizan tácticas engañosas para engañar a los usuarios y hacer que divulguen información sensible como contraseñas o claves privadas. Los ataques de malware y ransomware representan otro riesgo significativo, infiltrando los dispositivos de los usuarios y obteniendo acceso no autorizado a sus billeteras de altcoins o claves privadas.

Los hackeos de intercambios también son prevalentes, dirigidos a las plataformas de intercambio de criptomonedas para explotar vulnerabilidades y acceder a los fondos de los usuarios. Por último, los ataques de ingeniería social manipulan a individuos para que revelen información sensible, facilitando que los ciberdelincuentes obtengan acceso no autorizado a las billeteras de altcoins.

Los inversores deben adoptar prácticas de seguridad sólidas para proteger efectivamente contra ataques informáticos y amenazas de ciberseguridad en el espacio de las altcoins. Una medida esencial es utilizar billeteras de altcoins reputables y seguras. Opte por billeteras de hardware o billeteras de software bien establecidas con un historial probado de seguridad. Siempre investigue a fondo a los proveedores de billeteras y asegúrese de descargar las billeteras de fuentes oficiales para evitar ser víctima de software falso o malicioso.

La implementación de autenticación multifactor (MFA) es otro paso crítico para proteger las tenencias de altcoins. MFA exige a los usuarios que proporcionen múltiples formas de verificación antes de acceder a sus cuentas, lo que hace significativamente más difícil que los piratas informáticos obtengan acceso no autorizado.

Actualizar regularmente el software de la billetera y el firmware del dispositivo es crucial para mitigar los riesgos de seguridad. Los proveedores de billeteras y los fabricantes de billeteras de hardware a menudo lanzan actualizaciones para abordar vulnerabilidades y mejorar las medidas de seguridad. Revisar regularmente las actualizaciones y aplicarlas de manera oportuna asegura que la seguridad de su billetera esté actualizada.

Ser cauteloso frente a intentos de phishing es igualmente vital para proteger las tenencias de altcoins. Mantenerse vigilante contra los ataques de phishing significa verificar dos veces las URL del sitio web y verificar la autenticidad de los correos electrónicos y mensajes. Las empresas legítimas nunca harán una solicitud de información privada por correo electrónico o mensajes directos.

Es posible reducir la vulnerabilidad al malware y otras formas de amenazas en línea al realizar transacciones con criptomonedas en un dispositivo que se mantenga separado de otros dispositivos. Evite utilizar el mismo dispositivo para navegar y realizar transacciones de altcoins, ya que esto puede aumentar la probabilidad de posibles violaciones de seguridad.

Respaldar regularmente las billeteras de altcoins y las claves privadas es esencial para protegerse contra pérdidas o daños. Crear múltiples copias de respaldos y almacenarlas en diferentes ubicaciones seguras garantiza que pueda recuperar sus fondos en caso de falla del hardware u otros eventos imprevistos.

Implementar el almacenamiento en frío para tenencias a largo plazo proporciona una capa adicional de seguridad contra amenazas en línea. El almacenamiento en frío, como las billeteras de hardware o las billeteras de papel, mantiene las claves privadas fuera de línea, reduciendo el riesgo de posibles ciberataques.

Elegir un intercambio de criptomonedas reputado y seguro es fundamental para proteger las tenencias de altcoins. Investigar a fondo las medidas de seguridad del intercambio puede ayudarlo a seleccionar plataformas que empleen protocolos de seguridad sólidos, como la autenticación multifactor, el almacenamiento en frío para los fondos de los usuarios y la encriptación de datos sensibles.

Limitar la exposición en los intercambios es otro aspecto esencial para proteger los activos digitales. Evite mantener grandes sumas de altcoins en los intercambios durante períodos prolongados. En su lugar, transfiera los fondos a billeteras frías seguras para almacenamiento a largo plazo. Solo mantenga la cantidad necesaria de altcoins en los intercambios para operaciones activas o transacciones inmediatas.

Mantenerse informado sobre las amenazas cibernéticas más recientes y las tácticas utilizadas por los piratas informáticos en el espacio de las altcoins es crucial para los inversores. Leer regularmente sobre las mejores prácticas de seguridad y seguir las actualizaciones de fuentes confiables dentro de la comunidad de criptomonedas lo ayudará a tomar decisiones bien informadas y proteger sus activos digitales de manera efectiva.

Ser cauteloso con las ofertas no solicitadas y las estafas es igualmente importante. Ejercite precaución cuando se le presenten oportunidades de inversión no solicitadas y sea escéptico con las promesas de altos rendimientos garantizados o esquemas de inversión que parezcan demasiado buenos para ser verdad.

Protegerse contra hackeos y amenazas cibernéticas es de suma importancia para los inversores de altcoins. La creciente adopción de criptomonedas ha llamado la atención de los ciberdelincuentes, lo que hace que las medidas de seguridad sean un aspecto vital en la gestión de activos digitales. Comprender los diversos tipos de amenazas, como los ataques de phishing, el malware, los hackeos de intercambios y la ingeniería social, es crucial para desarrollar estrategias efectivas para proteger las tenencias de altcoins.

Los inversores pueden mejorar significativamente su postura de ciberseguridad utilizando billeteras confiables y seguras, implementando autenticación multifactor, actualizando regularmente el software, siendo cautelosos con los intentos de phishing y utilizando almacenamiento en frío para tenencias a largo plazo. Además, mantenerse informado sobre las últimas tendencias en ciberseguridad y mantener una conciencia continua ayudará a los inversores a tomar decisiones bien informadas y proteger sus activos digitales de manera efectiva.

Con un enfoque proactivo y vigilante hacia la seguridad, los inversores de altcoins pueden navegar con confianza por el panorama de las criptomonedas, asegurando la seguridad y la longevidad de sus inversiones digitales en el dinámico mundo de las criptomonedas.

CAPÍTULO VII

Consideraciones Fiscales y Legales

Implicaciones Fiscales de las Inversiones en Altcoins y ICOs

El rápido crecimiento del mercado de criptomonedas, incluidos los altcoins y las Ofertas Iniciales de Monedas (ICOs), ha presentado a los inversores emocionantes oportunidades de ganancias financieras. Sin embargo, junto con las posibles ganancias, el complejo mundo de las inversiones en criptomonedas también trae sus propios desafíos, especialmente en lo que respecta a las implicaciones fiscales. A medida que los gobiernos de todo el mundo luchan por regular las criptomonedas, los inversores deben comprender y cumplir con las leyes fiscales que se aplican a sus inversiones en altcoins y ICOs. Esta sección explora las implicaciones fiscales de las inversiones en altcoins y ICOs, arrojando luz sobre las complejidades de la tributación de criptomonedas y brindando orientación a los inversores para navegar por este paisaje en evolución.

Las criptomonedas, incluidos los altcoins obtenidos a través de ICOs, se clasifican de manera diferente para fines fiscales. Algunos países las tratan como propiedad, mientras que otros las consideran activos o commodities. Esta clasificación afecta cómo se gravan las criptomonedas e influye en factores como las ganancias de capital, el impuesto sobre la renta y los requisitos de informes.

Los eventos imponibles en las inversiones en criptomonedas ocurren cuando acciones específicas generan obligaciones fiscales. Los eventos imponibles comunes incluyen la venta o el intercambio de altcoins, la conversión de criptomonedas a moneda fiduciaria y el uso de criptomonedas para hacer compras. Además, recibir criptomonedas como pago por bienes o servicios y las actividades mineras también pueden tener implicaciones fiscales.

Las ganancias de la venta o el intercambio de altcoins están sujetas a impuestos sobre las ganancias de capital en muchas jurisdicciones. La tasa impositiva generalmente depende del período de tenencia, con ganancias de capital a corto plazo gravadas a una tasa más alta que las ganancias a largo plazo. Calcular el impuesto sobre las ganancias de capital puede ser complejo, ya que requiere determinar la base de costo de cada altcoin y el valor de mercado justo en el momento del evento imponible.

Los inversores pueden utilizar la cosecha de pérdidas fiscales para compensar las ganancias de capital y reducir su responsabilidad fiscal. La cosecha de pérdidas fiscales implica vender inversiones perdedoras para compensar ganancias realizadas de inversiones rentables. Esta estrategia puede ser particularmente útil en el mercado de criptomonedas altamente volátil.

La clasificación de los tokens ICO como valores tiene importantes implicaciones fiscales. En algunas jurisdicciones, los tokens vendidos en ICOs pueden considerarse valores, sometiendo a los inversores a leyes de valores y regulaciones fiscales relevantes. Dependiendo de las leyes fiscales locales, las autoridades fiscales pueden tratar las ventas de tokens ICO como ganancias de capital, dividendos o ingresos.

Las distribuciones aéreas y los forks, donde los inversores reciben tokens gratuitos como resultado de poseer una criptomoneda en particular, también tienen implicaciones fiscales. El tratamiento fiscal de las distribuciones aéreas y los forks puede variar, dependiendo de si se consideran ingresos, regalos o ganancias de capital.

Los ingresos generados por actividades como la minería, el staking o recibir criptomonedas como pago por bienes y servicios están sujetos a impuestos. Los inversores están obligados a declarar estos ingresos y pagar impuestos en consecuencia.

Los inversores con tenencias de criptomonedas en intercambios o billeteras extranjeras pueden tener requisitos de informes adicionales, como el Foreign Account Tax Compliance Act o el Common Reporting Standard (CRS). El incumplimiento de estas obligaciones de informes puede resultar en sanciones severas.

Mantener registros precisos de todas las transacciones de criptomonedas es crucial para la planificación fiscal y el cumplimiento. Los registros deben incluir detalles de las transacciones, como la fecha, hora, cantidad, costo base y valor de mercado justo.

Dada la complejidad de la tributación de las criptomonedas, se recomienda encarecidamente buscar asesoramiento profesional de un experto en impuestos o contador con experiencia en asuntos fiscales relacionados con las criptomonedas. Un experto puede brindar orientación personalizada y ayudar a los inversores a navegar por las complejidades de la presentación de informes fiscales y el cumplimiento.

Los inversores deben estar al tanto de las leyes fiscales específicas de su país de residencia. Cada jurisdicción puede tener un tratamiento fiscal único para las criptomonedas, incluidos los altcoins y las inversiones en ICO.

Las implicaciones fiscales de las inversiones en altcoins e ICO son complejas y pueden impactar significativamente los resultados financieros de los inversores. A medida que los gobiernos de todo el mundo luchan por regular el mercado de criptomonedas, los inversores deben mantenerse informados y cumplir con las leyes fiscales aplicables a sus inversiones. Comprender la clasificación de las criptomonedas, los eventos imponibles y los requisitos de presentación de informes es crucial para garantizar el cumplimiento fiscal y minimizar posibles pasivos fiscales.

Los inversores deben ejercer una planificación fiscal prudente manteniendo registros precisos, buscando asesoramiento profesional y manteniéndose actualizados sobre las regulaciones fiscales en evolución en sus respectivas jurisdicciones. Navegar por las implicaciones fiscales de las inversiones en altcoins e ICO requiere diligencia y cumplimiento, pero con el enfoque correcto, los inversores pueden proteger sus intereses financieros y participar con confianza en el mundo dinámico de la inversión en criptomonedas.

Requisitos de Reporte y Cumplimiento

El mercado de criptomonedas, que comprende altcoins e Initial Coin Offerings (ICOs), ha experimentado un crecimiento exponencial, atrayendo a inversores en busca de posibles ganancias financieras. Sin embargo, la naturaleza descentralizada y sin fronteras de las criptomonedas ha suscitado preocupaciones entre los reguladores respecto a la evasión fiscal, el lavado de dinero y la protección de los inversores. Los gobiernos de todo el mundo están implementando requisitos de informes y medidas de cumplimiento para las inversiones en altcoins e ICOs para garantizar transparencia y responsabilidad. Esta sección explora las complejidades de las obligaciones de informes y las medidas de cumplimiento que los inversores deben seguir para cumplir con sus responsabilidades fiscales y adherirse a los estándares regulatorios.

En la mayoría de las jurisdicciones, los inversores en altcoins están sujetos a impuestos sobre las ganancias de capital obtenidas por la venta o el intercambio de altcoins. Deben informar con precisión las ganancias o pérdidas incurridas durante tales transacciones y pagar los impuestos correspondientes. La tasa impositiva sobre las ganancias de capital varía según factores como el período de tenencia, la residencia fiscal y las ganancias totales realizadas.

Para cumplir con los requisitos de informes fiscales, los inversores en altcoins deben mantener registros meticulosos de sus transacciones. Esto implica registrar detalles esenciales como la fecha, hora, cantidad, costo base y valor de mercado justo de cada altcoin en el momento de la transacción. Mantener registros precisos es crucial para calcular con precisión las ganancias y pérdidas de capital y proporcionar evidencia de cumplimiento durante las auditorías fiscales.

Además, los inversores pueden utilizar la cosecha de pérdidas fiscales como un enfoque estratégico para compensar las ganancias de capital y reducir su pasivo fiscal total. Al vender inversiones perdedoras y realizar pérdidas, pueden utilizar estas pérdidas para contrarrestar las ganancias de inversiones rentables en altcoins.

El tratamiento fiscal de las inversiones en ICOs depende de la clasificación de los tokens de ICO. En algunas jurisdicciones, los tokens de ICO pueden considerarse valores; en otros, se consideran tokens de utilidad. Esta clasificación determina el tratamiento fiscal aplicable, con los valores a menudo sujetos a requisitos de informes más estrictos.

Los inversores también deben considerar las implicaciones fiscales de los airdrops y forks, donde reciben tokens gratuitos debido a su tenencia de criptomonedas específicas. El tratamiento fiscal de tales eventos puede variar según si se clasifican como ingresos, regalos o ganancias de capital. Seguir adecuadamente y reportar estas ocurrencias es esencial para cumplir con las regulaciones fiscales.

Los emisores de ICO también enfrentan su propio conjunto de requisitos de informes y medidas de cumplimiento. Dependiendo de la jurisdicción, las ICOs pueden necesitar registrarse ante las autoridades regulatorias y proporcionar información detallada sobre su proyecto, equipo, distribución de tokens y uso de fondos. El incumplimiento de estos requisitos puede resultar en multas o consecuencias legales para el emisor de la ICO.

Muchos países requieren que los intercambios y negocios de criptomonedas cumplan con las regulaciones contra el lavado de dinero (AML) y conozcan a su cliente (KYC) para combatir el lavado de dinero y actividades ilícitas. Como resultado, los inversores en altcoins pueden necesitar proporcionar identificación y otra información personal al realizar transacciones en plataformas compatibles. Estas medidas mejoran la transparencia y la rendición de cuentas dentro del ecosistema de criptomonedas.

Los inversores con inversiones en altcoins e ICOs mantenidas en intercambios o billeteras extranjeras pueden tener requisitos adicionales de informes. Muchos países han implementado la Ley de Cumplimiento Fiscal de Cuentas Extranjeras (FATCA) o el Estándar de Información Común (CRS) para combatir la evasión fiscal y recopilar información sobre cuentas financieras en el extranjero.

Dada la complejidad de la tributación de criptomonedas y los requisitos regulatorios, es muy recomendable buscar asesoramiento profesional de expertos fiscales o profesionales legales con experiencia en asuntos de criptomonedas. Los profesionales pueden ofrecer orientación sobre cómo navegar por el cambiante panorama de los informes y medidas de cumplimiento.

El mercado de criptomonedas es dinámico y las regulaciones están en constante evolución. Los inversores en altcoins e ICOs deben mantenerse informados sobre los cambios en las leyes fiscales y los requisitos regulatorios en sus respectivas jurisdicciones. Ser proactivo y adaptarse a las regulaciones cambiantes es esencial para mantenerse en cumplimiento y evitar posibles consecuencias legales y financieras.

Los requisitos de informes y las medidas de cumplimiento juegan un papel vital en el funcionamiento de las inversiones en altcoins e ICOs dentro del mercado de criptomonedas. Las obligaciones de informes fiscales, incluidos los impuestos sobre las ganancias de capital y el mantenimiento de registros, son esenciales para que los inversores en altcoins cumplan con sus obligaciones fiscales de manera precisa. Los inversores en ICOs deben comprender la clasificación de los tokens de ICO y reportar airdrops y forks para cumplir con las regulaciones fiscales.

Además de los informes fiscales, los emisores de ICO deben cumplir con los requisitos de informes para garantizar la transparencia y la protección del inversor. Cumplir con las regulaciones AML y KYC también mejora la integridad del mercado de criptomonedas y ayuda a prevenir actividades ilícitas.

Para navegar por las complejidades de los informes y el cumplimiento, se recomienda encarecidamente buscar asesoramiento profesional de expertos fiscales y profesionales legales. Además, mantenerse informado sobre las regulaciones cambiantes y adaptarse a los cambios es crucial para mantener el cumplimiento y proteger las inversiones en el siempre cambiante panorama de la tributación de criptomonedas y las medidas regulatorias. Al cumplir con los requisitos de informes y las medidas de cumplimiento, los inversores en altcoins e ICOs pueden operar dentro del ecosistema de criptomonedas con confianza y responsabilidad.

Panorama Regulatorio Global para Criptomonedas

Las criptomonedas han revolucionado el panorama financiero, ofreciendo alternativas descentralizadas y sin fronteras a los sistemas monetarios tradicionales. Sin embargo, esta naturaleza disruptiva también ha suscitado preocupaciones entre los reguladores de todo el mundo. El panorama regulatorio global de las criptomonedas es un ámbito complejo y en constante evolución, con los gobiernos luchando por encontrar un equilibrio entre fomentar la innovación y proteger a los inversores y la estabilidad financiera. Esta sección explora los diversos enfoques regulatorios adoptados por varios países y organizaciones internacionales con respecto a las criptomonedas, arrojando luz sobre los desafíos y oportunidades dentro del dinámico mundo de los activos digitales.

El crecimiento exponencial de las criptomonedas, incluido Bitcoin y una multitud de altcoins, ha atraído una atención significativa de los gobiernos y las instituciones financieras. La naturaleza descentralizada de estos activos digitales, su potencial para el uso ilícito y su volatilidad especulativa han generado llamados a una supervisión regulatoria.

Para abordar estas preocupaciones, los marcos regulatorios tienen como objetivo principal lograr tres objetivos: protección al inversor, estabilidad financiera y combate al lavado de dinero y actividades ilícitas. Al establecer estándares de transparencia y responsabilidad, los reguladores buscan proteger a los inversores minoristas y mantener la integridad del mercado. Además, buscan abordar las posibles amenazas a la estabilidad financiera, ya que la volatilidad excesiva del mercado y las fluctuaciones de los precios de los activos pueden tener efectos secundarios en los sistemas financieros tradicionales. Por último, las medidas regulatorias están diseñadas para garantizar el cumplimiento de las normas contra el lavado de dinero (AML) y de conocimiento del cliente (KYC) para prevenir actividades ilícitas y mantener la integridad del sistema financiero.

El panorama regulatorio global de las criptomonedas varía significativamente, con cada país adoptando su propio enfoque único para abordar los desafíos planteados por los activos digitales.

Algunas jurisdicciones han abrazado las criptomonedas y la tecnología blockchain, ofreciendo un entorno regulatorio propicio para fomentar la innovación y atraer empresas relacionadas con la cadena de bloques. Estas jurisdicciones proactivas y de apoyo proporcionan certeza legal y claridad para facilitar las actividades relacionadas con las criptomonedas.

Otros han adoptado un enfoque más medido, optando por proporcionar claridad regulatoria y definiciones legales para las criptomonedas. Esta claridad permite a las empresas y a los inversores navegar por el panorama regulatorio con confianza.

Por el contrario, varios países han adoptado regulaciones estrictas y restrictivas, imponiendo prohibiciones a las criptomonedas, las ofertas iniciales de monedas (ICO) y las actividades relacionadas con las criptomonedas. Las preocupaciones sobre la estabilidad financiera, la protección al consumidor y el potencial de esquemas fraudulentos suelen impulsar estas medidas.

La falta de un marco regulatorio global unificado para las criptomonedas plantea desafíos significativos para la comunidad internacional. La naturaleza transfronteriza de los activos digitales requiere cooperación y coordinación internacionales para abordar posibles arbitrajes regulatorios y garantizar una protección consistente a los inversores.

Uno de los desafíos proviene de la competencia jurisdiccional, donde las empresas de criptomonedas pueden recurrir al arbitraje regulatorio, trasladando sus operaciones a jurisdicciones con regulaciones más favorables o permisivas. Esta competencia entre jurisdicciones puede dar lugar a una fragmentación regulatoria y dificultades para aplicar normas internacionales.

Además, armonizar las regulaciones a través de las fronteras requiere coordinación y colaboración entre diversos organismos reguladores y organizaciones internacionales. Los enfoques diferentes hacia las criptomonedas complican los esfuerzos para establecer un marco regulatorio global unificado.

En respuesta a la naturaleza global de las criptomonedas, las organizaciones internacionales han comenzado a abordar los desafíos regulatorios.

El Grupo de Acción Financiera Internacional (GAFI) establece estándares internacionales de lucha contra el lavado de dinero y la financiación del terrorismo. Su orientación sobre las criptomonedas tiene como objetivo garantizar prácticas consistentes de AML y KYC en todas las jurisdicciones.

El G20 y el Fondo Monetario Internacional (FMI) también han tomado iniciativas para estudiar y discutir las implicaciones regulatorias de las criptomonedas a nivel mundial. Sus esfuerzos buscan mejorar la cooperación internacional y la coordinación de políticas.

El mercado de criptomonedas en constante evolución demanda un enfoque equilibrado para la regulación, reconociendo los posibles beneficios de los activos digitales al tiempo que se abordan los riesgos inherentes.

Una forma de lograr este equilibrio es a través de los "sandbox" regulatorios. Estos sandbox ofrecen un entorno controlado para que los innovadores prueben productos y servicios relacionados con las criptomonedas, fomentando la innovación mientras se mantiene la supervisión regulatoria.

Un enfoque gradual e inclusivo de la regulación permite ajustes iterativos, teniendo en cuenta los comentarios de los interesados y la evolución de la dinámica del mercado. Capacitar a los inversores con conocimientos y conciencia de los riesgos y recompensas asociados con las criptomonedas es crucial para una participación responsable en el mercado.

El panorama regulatorio global de las criptomonedas es un ámbito complejo y en constante evolución, con diferentes países adoptando enfoques diversos para abordar los desafíos y oportunidades planteados por los activos digitales. Equilibrar la protección al inversor, la estabilidad financiera y la lucha contra actividades ilícitas sigue siendo una prioridad para los reguladores de todo el mundo. Las organizaciones internacionales desempeñan un papel vital en fomentar la colaboración y la coordinación para armonizar las regulaciones y establecer un marco global unificado. A medida que el mercado de criptomonedas madura, el camino a seguir radica en encontrar un delicado equilibrio entre fomentar la innovación y proteger los intereses de todas las partes interesadas. Adaptar las medidas regulatorias a la naturaleza dinámica de los activos digitales es crucial para aprovechar el potencial transformador de las criptomonedas para la economía global.

Buscar Asesoramiento Legal para Inversiones Digitales

El rápido crecimiento del mercado de criptomonedas, caracterizado por inversiones digitales como Bitcoin, altcoins y Ofertas Iniciales de Monedas (ICOs), ha atraído la atención de inversores que buscan nuevas oportunidades financieras. Sin embargo, la naturaleza dinámica y compleja del ecosistema de criptomonedas presenta desafíos legales únicos. Para navegar por este paisaje en constante evolución, es esencial buscar asesoramiento legal para que los inversores protejan sus intereses, aseguren el cumplimiento de las regulaciones y comprendan los riesgos y beneficios potenciales de las inversiones digitales. Esta sección explora la importancia de buscar asesoramiento legal para las inversiones digitales, arrojando luz sobre las diversas consideraciones legales y el papel de los profesionales legales en la protección de los intereses de los inversores.

El mercado de criptomonedas opera dentro de un marco descentralizado, abarcando múltiples jurisdicciones en todo el mundo. La falta de un entorno regulatorio unificado y el panorama legal en constante cambio hacen que las inversiones digitales sean susceptibles a complejidades legales. El entorno regulatorio, la fiscalidad, las regulaciones de valores y los acuerdos contractuales son consideraciones legales clave. Comprender estas complejidades es crucial para que los inversores garanticen el cumplimiento y eviten posibles consecuencias legales.

Buscar asesoramiento legal es esencial para mitigar los riesgos legales asociados con las inversiones digitales. El mercado de criptomonedas está plagado de riesgos regulatorios, de seguridad y de mercado. Los profesionales legales pueden ayudar a los inversores a identificar y mitigar estos riesgos, protegiendo sus inversiones y minimizando posibles responsabilidades legales. El cumplimiento de las regulaciones locales e internacionales es crítico, y el asesoramiento legal puede orientar a los inversores sobre los requisitos regulatorios, el cumplimiento de AML/KYC, la presentación de informes fiscales y las leyes de protección de datos. Además, los profesionales legales desempeñan un papel vital en la protección de los derechos de los inversores al realizar la diligencia debida en oportunidades de inversión digital, revisar contratos y brindar asistencia en la resolución de disputas.

Los profesionales legales tienen un papel crucial en el mercado de criptomonedas, especialmente considerando sus complejidades. Realizan diligencia debida en oportunidades de inversión digital para garantizar su legitimidad y cumplimiento. Los abogados expertos en tecnología blockchain redactan y revisan contratos inteligentes y otros acuerdos legales para garantizar claridad y aplicabilidad. Además, los expertos legales ayudan a los inversores a navegar por el diverso panorama regulatorio, mantener el cumplimiento de las leyes aplicables y representarlos en procesos de resolución de disputas.

Si bien buscar asesoramiento legal es crucial, los inversores también tienen responsabilidades. La investigación diligente sobre firmas y profesionales legales con experiencia en asuntos de criptomonedas garantiza que los inversores reciban consejos relevantes y precisos. Proporcionar a los asesores legales información precisa y completa sobre las inversiones digitales es esencial para recibir orientación adecuada. Además, los inversores deben mantener una participación continua con los profesionales legales para mantenerse actualizados sobre cambios regulatorios y desarrollos del mercado.

Navegar por las complejidades legales del mercado de criptomonedas es esencial para los inversores que buscan participar en inversiones digitales de manera segura y responsable. Buscar asesoramiento legal permite a los inversores comprender los requisitos regulatorios, evaluar los riesgos y proteger sus derechos en este ecosistema dinámico y acelerado. Los profesionales legales desempeñan un papel fundamental en la realización de la diligencia debida, la redacción de contratos y el aseguramiento del cumplimiento de las regulaciones. Al adoptar un enfoque proactivo y colaborar con asesores legales experimentados, los inversores pueden navegar con confianza por el mercado de criptomonedas, optimizar sus inversiones digitales y contribuir a la maduración y legitimidad de este paisaje financiero transformador. A medida que el mercado de criptomonedas continúa evolucionando, buscar asesoramiento legal sigue siendo una herramienta invaluable para que los inversores naveguen con confianza y claridad legal por los desafíos y oportunidades dentro del mercado de criptomonedas.

CAPÍTULO VIII

Tendencias Futuras en Altcoins y ICOs

Tecnologías e Innovaciones Emergentes de Altcoins

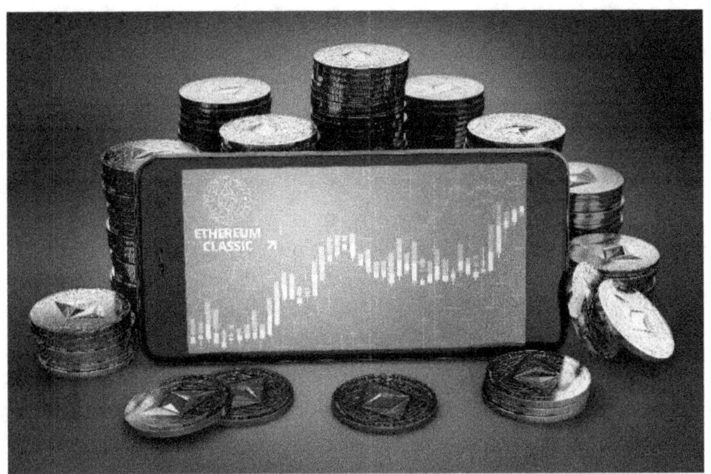

Inicialmente dominado por Bitcoin, el mercado de las criptomonedas ha evolucionado significativamente, dando lugar a muchas altcoins. A medida que los avances tecnológicos continúan dando forma al panorama, las tecnologías e innovaciones emergentes de las altcoins están revolucionando cómo percibimos las finanzas digitales. Estos desarrollos ofrecen nuevos casos de uso, una mayor escalabilidad, una seguridad mejorada y una mayor privacidad para el usuario. Esta sección explora el emocionante ámbito de las tecnologías emergentes de las altcoins, resaltando el impacto potencial en el futuro de las finanzas digitales y el ecosistema blockchain en general.

La escalabilidad ha sido durante mucho tiempo un desafío crítico que enfrentan las criptomonedas, obstaculizando su adopción generalizada como medios de pago prácticos. Las tecnologías emergentes de las altcoins están pioneras en soluciones innovadoras para abordar esta limitación. Las soluciones de capa 2 como la Red Raiden y la Lightning Network permiten transacciones fuera de la cadena, aumentando significativamente la capacidad de procesamiento de la cadena de bloques subyacente mientras se reducen las tarifas y los tiempos de transacción. Además, el fragmentado, una técnica que divide la cadena de bloques en segmentos más pequeños y manejables, permite el procesamiento paralelo de transacciones, mejorando aún más la escalabilidad. Altcoins como IOTA y Nano, construidas sobre estructuras de Grafo Acíclico Dirigido (DAG), eliminan los bloques, asegurando transacciones rápidas y sin comisiones incluso con una base de usuarios en crecimiento.

La privacidad se ha convertido en una preocupación crítica para los usuarios de criptomonedas que buscan autonomía financiera y protección contra la vigilancia. Las altcoins emergentes están introduciendo características de privacidad de vanguardia para proteger las identidades de los usuarios y los datos de transacciones. Las Transacciones Confidenciales, empleadas por altcoins como Monero y Zcash, utilizan técnicas criptográficas para ocultar los montos de las transacciones, mejorando la privacidad y la fungibilidad. Además, protocolos como zk-SNARKs y zk-STARKs permiten a las altcoins validar transacciones sin revelar información sensible, garantizando la privacidad mientras se asegura la integridad de la transacción. Las blockchains centradas en la privacidad, ejemplificadas por Dash y Verge, están diseñadas con la privacidad como característica central, ofreciendo capacidades de transacción anónima opcionales.

Las Finanzas Descentralizadas (DeFi) están remodelando los servicios financieros tradicionales aprovechando la tecnología blockchain. Las tecnologías emergentes de las altcoins están integrando activamente capacidades DeFi e introduciendo funcionalidades de contratos inteligentes, expandiendo la utilidad de los activos digitales y los casos de uso potenciales. La interoperabilidad se mejora mediante altcoins que implementan capacidades de intercambio entre cadenas, facilitando la comunicación sin problemas entre diferentes redes blockchain y mejorando la eficiencia general del ecosistema DeFi. Además, los intercambios descentralizados (DEXs) están ganando popularidad a medida que las altcoins los adoptan, facilitando el comercio entre pares y reduciendo la dependencia de los intercambios centralizados, mejorando así la seguridad del usuario. Las altcoins con capacidades de contratos inteligentes permiten el préstamo y el endeudamiento descentralizados, eliminando intermediarios y proporcionando servicios financieros a una base de usuarios más amplia.

El impacto ambiental de la minería de criptomonedas, especialmente para las blockchains de Prueba de Trabajo (PoW), ha sido motivo de preocupación. Las tecnologías emergentes de las altcoins están explorando alternativas energéticamente eficientes y sostenibles a PoW. La adopción de mecanismos de consenso de Prueba de Participación (PoS) reduce significativamente el consumo de energía al eliminar la necesidad de minería intensiva en recursos. Además, la Prueba de Autoridad (PoA) y la Prueba de Identidad (PoI) son mecanismos de consenso alternativos que reducen aún más el consumo de energía al depender de la verificación de identidad en lugar del poder computacional.

Las altcoins no se limitan a las monedas digitales; también están facilitando la tokenización de activos del mundo real. Esta innovación permite la propiedad fraccional y la liquidez de activos tradicionalmente ilíquidos. Altcoins como Polymath y Harbor facilitan inversiones inmobiliarias tokenizadas, desbloqueando el acceso a los mercados inmobiliarios para una gama más amplia de inversores. Además, las altcoins están explorando la tokenización de materias primas como oro, plata y petróleo, lo que las hace fácilmente negociables y divisibles.

Las tecnologías emergentes de las altcoins están adoptando modelos de gobernanza descentralizada, permitiendo que los miembros de la comunidad participen en los procesos de toma de decisiones. Las DAO son implementadas por altcoins para habilitar la toma de decisiones descentralizada y la asignación de recursos, fomentando proyectos e iniciativas impulsados por la comunidad. Los mecanismos de votación seguros y transparentes garantizan una representación justa y consenso dentro de las comunidades de altcoins.

El mercado de las criptomonedas está presenciando una transformación notable impulsada por las tecnologías e innovaciones emergentes de las altcoins. Las soluciones de escalabilidad mejoradas, las características de privacidad mejoradas y las integraciones DeFi están remodelando el panorama financiero, ofreciendo a los usuarios una funcionalidad y seguridad mejoradas. Los mecanismos de consenso energéticamente eficientes y las soluciones sostenibles abordan las preocupaciones ambientales y llevan a la industria hacia un futuro más ecológico. Además, la tokenización de activos del mundo real y el surgimiento de las DAO están revolucionando los modelos de finanzas y gobernanza tradicionales.

A medida que estas tecnologías de altcoin continúan evolucionando y madurando, tienen el potencial de remodelar no solo el mercado de las criptomonedas, sino también varias industrias y sectores. Sin embargo, con estos avances, no se puede subestimar la importancia de una evaluación adecuada del riesgo, la diligencia debida y el cumplimiento normativo. Los inversores y desarrolladores deben permanecer vigilantes para garantizar la seguridad y la integridad de estas tecnologías emergentes de altcoin para aprovechar todo su potencial.

El futuro de las finanzas digitales radica en los esfuerzos colaborativos de innovadores, expertos legales y reguladores para encontrar un equilibrio entre fomentar la innovación y proteger a los usuarios. A medida que se desarrolla este emocionante viaje, las tecnologías emergentes de las altcoins allanan el camino para un ecosistema financiero descentralizado, inclusivo y eficiente que tiene el potencial de transformar la forma en que interactuamos con el dinero y los activos a escala global.

El Papel de las Altcoins en las Finanzas Descentralizadas (DeFi)

La emergencia de las finanzas descentralizadas (DeFi) ha revolucionado el paisaje financiero tradicional, ofreciendo soluciones financieras innovadoras e inclusivas impulsadas por la tecnología blockchain. Mientras que Bitcoin fue el pionero de las criptomonedas, el surgimiento de las altcoins ha traído diversidad y versatilidad al ecosistema DeFi. En esta sección, exploramos el papel crucial de las altcoins en DeFi, resaltando sus contribuciones a la provisión de liquidez, la funcionalidad de contratos inteligentes, la interoperabilidad y la creación de instrumentos financieros novedosos. A medida que las altcoins continúan dando forma al paisaje DeFi, su integración presenta tanto oportunidades como desafíos para el futuro de las finanzas descentralizadas.

DeFi busca crear un sistema financiero abierto y sin permisos, y las altcoins juegan un papel significativo en su evolución. Más allá del dominio de Bitcoin, las altcoins han diversificado el ecosistema DeFi, introduciendo una gran cantidad de tokens con atributos y funcionalidades distintas. Esta diversificación amplía la gama de instrumentos financieros y fomenta la experimentación y la innovación dentro del espacio DeFi.

La liquidez es el alma de los mercados financieros, y las altcoins son cruciales para proporcionar liquidez a los protocolos DeFi. A través de pools de liquidez y la agricultura de rendimiento, los usuarios pueden apostar altcoins en plataformas DeFi, contribuyendo a la operación eficiente de los intercambios descentralizados (DEXs) y los creadores de mercado automatizados (AMMs). Como la liquidez es fundamental para el crecimiento de DeFi, las altcoins actúan como catalizadores, asegurando transacciones fluidas y sin problemas dentro del ecosistema.

El principal bloque de construcción de las aplicaciones DeFi son los contratos inteligentes, que automatizan acuerdos financieros sin la necesidad de intermediarios. Las altcoins mejoran las capacidades de los contratos inteligentes al servir como oráculos, proporcionando datos externos a la cadena de bloques y facilitando la ejecución precisa. Además, los tokens de gobernanza permiten a los usuarios participar en procesos de toma de decisiones, dando forma al futuro de los protocolos DeFi. La introducción de tokens de seguridad también acerca el abismo entre los activos tradicionales y digitales, desbloqueando una amplia gama de posibilidades para las finanzas descentralizadas.

La comunicación fluida entre diferentes redes blockchain es fundamental para la eficiencia general de DeFi. La adopción de altcoins puente, que permiten la interoperabilidad entre cadenas, permite a los usuarios mover activos y datos entre plataformas aisladas. Los tokens envueltos son otro concepto innovador introducido por las altcoins, que permiten el uso de activos de una blockchain en otra, ampliando la liquidez y accesibilidad a través de diversas redes.

Las altcoins han pionerizado instrumentos financieros novedosos dentro de DeFi, brindando a los usuarios oportunidades de inversión innovadoras y herramientas de gestión de riesgos. Los usuarios obtienen exposición a diversos mercados a través de activos sintéticos, que incluyen activos del mundo real y criptomonedas. Los derivados descentralizados ofrecen opciones de trading sin intermediarios, y los mercados de predicción permiten a los usuarios apostar en eventos del mundo real y ganar recompensas basadas en su precisión.

Si bien las altcoins ofrecen un inmenso potencial a DeFi, también introducen riesgos y desafíos. La volatilidad del mercado plantea riesgos para los protocolos DeFi y las piscinas de liquidez, lo que afecta la estabilidad y la confianza del usuario. Las preocupaciones de seguridad en torno a los contratos inteligentes pueden llevar a hacks y explotaciones, subrayando la importancia de medidas de seguridad robustas. Además, la incertidumbre regulatoria en torno a las altcoins puede afectar su uso en aplicaciones DeFi y plantear desafíos de cumplimiento normativo.

Las altcoins se han convertido en impulsores pivotales de la innovación y el crecimiento dentro del ecosistema DeFi, contribuyendo a su evolución y expansión. A medida que las altcoins continúan dando forma al paisaje DeFi, sus diversas funcionalidades, provisión de liquidez, capacidades de contratos inteligentes e interoperabilidad abren nuevas posibilidades para la inclusión financiera y la accesibilidad. Sin embargo, los inversores, desarrolladores y reguladores deben navegar los riesgos y desafíos asociados con la integración de las altcoins en DeFi. La experimentación responsable, las medidas de seguridad sólidas y el cumplimiento normativo son clave para aprovechar todo el potencial de las altcoins en dar forma a un futuro financiero más inclusivo, eficiente y descentralizado a través de DeFi. A medida que las altcoins desempeñan un papel instrumental en impulsar DeFi hacia adelante, la colaboración continua de las partes interesadas definirá el impacto transformador de las finanzas descentralizadas en el ecosistema financiero global.

Impacto Potencial de las Altcoins en los Sistemas Financieros Tradicionales

El rápido ascenso de las criptomonedas, con Bitcoin a la cabeza, ha perturbado los sistemas financieros tradicionales en todo el mundo. Sin embargo, no se puede pasar por alto la importancia de las altcoins, la gran variedad de criptomonedas alternativas. Las altcoins han surgido como contendientes formidables, ofreciendo características y casos de uso únicos que van más allá de la visión original de Bitcoin. En esta sección, exploramos el impacto potencial de las altcoins en los sistemas financieros tradicionales, adentrándonos en áreas como los sistemas de pago, las remesas, la banca, las transacciones transfronterizas y la inclusión financiera. A medida que las altcoins continúan evolucionando y ganando impulso, tienen el potencial de catalizar un cambio de paradigma en el panorama financiero global.

El propósito principal de Bitcoin era ser una moneda digital descentralizada, y las altcoins han seguido su ejemplo, introduciendo sus propios sistemas de pago con características distintivas. Altcoins como Litecoin y Bitcoin Cash tienen tiempos de transacción significativamente más rápidos y tarifas más bajas en comparación con Bitcoin, lo que las hace más eficientes para las transacciones diarias. Con el aumento de la aceptación por parte de los comerciantes y la adopción por parte de los usuarios, las altcoins podrían redefinir la forma en que realizamos pagos, ofreciendo transacciones más rápidas, más baratas y sin fronteras.

Las remesas, la transferencia de dinero a través de fronteras, son un componente crucial de la economía global. Los sistemas de remesas tradicionales a menudo implican tarifas elevadas y tiempos de procesamiento lentos. Las altcoins proporcionan una solución alternativa, permitiendo transacciones transfronterizas casi instantáneas y rentables. Stellar, por ejemplo, tiene como objetivo conectar instituciones financieras de todo el mundo para facilitar pagos transfronterizos rápidos y seguros utilizando su token nativo, Lumens (XLM). Las altcoins tienen el potencial de democratizar los servicios de remesas, beneficiando a millones de personas en países en desarrollo que dependen de estas líneas de vida financiera esenciales.

Las personas no bancarizadas o sub-bancarizadas todavía conforman una parte importante de la población mundial, careciendo de acceso a servicios financieros básicos. Las altcoins presentan una oportunidad para abordar este problema, ofreciendo un acceso a la inclusión financiera. A través de dispositivos móviles y acceso a Internet, las personas pueden crear billeteras digitales y acceder a servicios financieros basados en altcoins sin depender de bancos tradicionales. Al eliminar la necesidad de una presencia física, las altcoins pueden extender los servicios financieros a áreas remotas y mal atendidas, empoderando a la población no bancarizada con herramientas seguras para gestionar sus finanzas.

A medida que las altcoins ganan popularidad, plantean posibles desafíos para los sistemas bancarios tradicionales. Los usuarios de criptomonedas pueden encontrar las altcoins como una opción más atractiva, dada su naturaleza descentralizada, menores tarifas de transacción y mayor autonomía financiera. En consecuencia, los bancos tradicionales pueden enfrentar una demanda reducida de servicios, lo que los lleva a adaptarse al cambiante panorama financiero o enfrentar el riesgo de volverse obsoletos.

La creciente popularidad de las altcoins plantea consideraciones regulatorias y legales para las autoridades financieras en todo el mundo. Las diferentes jurisdicciones tienen enfoques variados para la regulación de criptomonedas, lo que lleva a un panorama fragmentado. Los responsables de la formulación de políticas deben encontrar un equilibrio entre fomentar la innovación y salvaguardar la protección al consumidor. Un marco regulatorio coherente y claro es esencial para aprovechar todo el potencial de las altcoins mientras se abordan los riesgos potenciales como el fraude, el lavado de dinero y la protección al inversor.

Las altcoins no solo están transformando los sistemas de pago y las remesas, sino que también están perturbando los mercados financieros tradicionales. A través de Ofertas Iniciales de Monedas (ICO) y Ofertas de Tokens de Seguridad (STO), las empresas pueden recaudar fondos sin recurrir a métodos tradicionales como Ofertas Públicas Iniciales (OPI). Esta democratización de la recaudación de fondos brinda oportunidades para que pequeñas empresas y startups accedan a capital a escala global. Sin embargo, la falta de regulación en el espacio de las ICO también abre la puerta a posibles estafas y esquemas fraudulentos, lo que hace necesaria la educación del inversor y una sólida diligencia debida.

El comercio global es otro sector que podría verse afectado por la adopción de altcoins. El comercio transfronterizo tradicional implica múltiples intermediarios y procesos complejos, lo que resulta en retrasos y costos adicionales. Al adoptar altcoins como medio de intercambio, las transacciones transfronterizas pueden simplificarse y agilizarse, reduciendo la fricción y mejorando la eficiencia en el comercio global.

Las Monedas Digitales de Banco Central (CBDC, por sus siglas en inglés) también han surgido como una respuesta potencial de los bancos centrales al auge de las criptomonedas. Las CBDC serían monedas digitales emitidas por el gobierno, diseñadas para complementar las monedas fiat tradicionales. A medida que las CBDC ganen impulso, podrían coexistir con las altcoins, ofreciendo un ecosistema financiero híbrido donde convergen tanto monedas digitales centralizadas como descentralizadas.

El futuro de las altcoins en los sistemas financieros tradicionales es tanto prometedor como incierto. Su potencial disruptivo y características únicas han captado la atención de inversores, empresas y responsables de políticas. Sin embargo, deben abordarse desafíos como la claridad regulatoria, la escalabilidad y la interoperabilidad para garantizar su exitosa integración en el panorama financiero global.

Las altcoins ya no son solo un fenómeno marginal en el mundo financiero; han surgido como una fuerza significativa con el potencial de remodelar los sistemas financieros tradicionales. Desde ofrecer sistemas de pago eficientes y remesas transfronterizas hasta promover la inclusión financiera y desafiar los modelos bancarios tradicionales, las altcoins están a la vanguardia de la innovación financiera. Sin embargo, este potencial transformador debe equilibrarse con una regulación prudente y un marco legal claro para garantizar la protección del consumidor y la integridad del mercado.

A medida que las altcoins continúen evolucionando y madurando, su impacto potencial en los sistemas financieros tradicionales será monitoreado de cerca por instituciones financieras, gobiernos e individuos en todo el mundo. Los próximos años serán críticos para determinar si las altcoins pueden cumplir su promesa de crear un ecosistema financiero global más inclusivo, eficiente y descentralizado. Ya sea como instrumentos complementarios o como disruptores, es probable que las altcoins desempeñen un papel fundamental en la configuración del futuro de las finanzas, con el potencial de revolucionar la forma en que realizamos transacciones, invertimos e interactuamos con el dinero a escala global.

Predicciones para el Futuro de las ICOs y Ventas de Tokens

Las Ofertas Iniciales de Monedas (ICO, por sus siglas en inglés) y las ventas de tokens surgieron como un método revolucionario de recaudación de fondos que transformó la forma en que los proyectos y las startups podían obtener capital. El ascenso meteórico de las ICO en la década de 2010 vio niveles sin precedentes de inversión fluyendo hacia proyectos de blockchain. Sin embargo, el panorama de las ICO ha experimentado cambios significativos en los últimos años, con el escrutinio regulatorio, las fluctuaciones del mercado y las preocupaciones de los inversores dando forma a la industria. En esta sección, exploramos predicciones para el futuro de las ICO y las ventas de tokens, explorando posibles tendencias, desafíos y oportunidades que se avecinan.

El panorama regulatorio es uno de los factores más significativos que influyen en el futuro de las ICO. Los reguladores de todo el mundo han lidiado con la naturaleza novedosa de las ICO y sus posibles riesgos, lo que ha llevado a un mayor escrutinio y marcos regulatorios. Es probable que el futuro de las ICO vea una mayor claridad regulatoria, ofreciendo protección al inversor mientras fomenta la innovación. Las ICO correctamente reguladas pueden atraer a inversores institucionales, fomentando un entorno de inversión más diverso y estable.

Las Ofertas de Tokens de Seguridad (STO, por sus siglas en inglés) han surgido como una alternativa compatible con las ICO, ofreciendo tokens que representan activos tangibles como bienes raíces, acciones o materias primas. Las STO proporcionan una mayor certeza legal para los inversores, atrayendo potencialmente a inversores tradicionales que buscan un puente entre las finanzas tradicionales y el espacio de los activos digitales. La tokenización de activos, habilitada por las STO, podría revolucionar los mercados de capital al crear propiedad fraccionada y liquidez para activos tradicionalmente ilíquidos.

A medida que el espacio de blockchain madura, los inversores y usuarios demandan casos de uso del mundo real y resultados tangibles de los proyectos. Es probable que el futuro de las ICO presencie un cambio hacia proyectos más maduros con viabilidad de producto demostrada. Los inversores están volviéndose cada vez más exigentes, favoreciendo proyectos con aplicaciones prácticas y un camino claro hacia el éxito.

El futuro de las ICO puede ver un mayor énfasis en las estructuras de gobernanza y la participación comunitaria. Los tokens de gobernanza que otorgan derechos de voto y poder de toma de decisiones a los titulares de tokens están ganando terreno, fomentando un sentido de propiedad y participación comunitaria en el desarrollo del proyecto. Los mecanismos de gobernanza efectivos pueden impulsar el éxito del proyecto y promover la toma de decisiones descentralizada.

A medida que el panorama de las ICO evoluciona, la educación del inversor y la diligencia debida desempeñarán un papel crucial. Con un mercado más maduro, se espera que los inversores adopten un enfoque cauteloso, realizando una investigación y análisis exhaustivos antes de participar en ventas de tokens. Como resultado, los proyectos deberán ser más transparentes, ofreciendo documentación completa e información confiable para generar confianza entre los inversores.

El futuro de las ICOs podría presenciar una transformación de los mecanismos de recaudación de fondos, yendo más allá de los modelos tradicionales de financiación colectiva. Las Organizaciones Autónomas Descentralizadas (DAOs) y las plataformas de financiamiento basadas en tokens podrían perturbar el panorama de la recaudación de fondos, permitiendo decisiones de inversión impulsadas por la comunidad y un acceso más inclusivo a oportunidades de inversión en etapas tempranas.

Con la creciente competencia y las presiones regulatorias, es probable que el futuro de las ICOs priorice la sostenibilidad y la viabilidad a largo plazo. Los proyectos deben demostrar un modelo de negocio sostenible, flujos de ingresos claros y un plan para un crecimiento continuo más allá de la fase inicial de recaudación de fondos. El éxito a largo plazo dependerá de adaptarse a los cambios del mercado y satisfacer las necesidades cambiantes de los usuarios.

El futuro de las ICOs está intrínsecamente ligado al desarrollo del ecosistema de finanzas descentralizadas o (DeFi). Las ventas de tokens podrían convertirse en un componente integral de los protocolos DeFi, permitiendo la recaudación de fondos descentralizada y la provisión de liquidez. El potencial de DeFi para remodelar los sistemas financieros tradicionales puede influir en la evolución de las ICOs y las ventas de tokens en los próximos años.

La estandarización y la interoperabilidad de los tokens son cruciales para el futuro de las ICOs. El dominio del estándar ERC-20 de Ethereum ha proporcionado un marco común para la creación de tokens, pero la interoperabilidad entre cadenas y el desarrollo de estándares de tokens universales podrían mejorar la liquidez y la adopción de tokens.

Es probable que el futuro de las ICOs aborde las crecientes preocupaciones ambientales relacionadas con las blockchains intensivas en energía Proof-of-Work (PoW). Los proyectos pueden optar por mecanismos de consenso más ecológicos, como Proof-of-Stake (PoS), para minimizar su huella de carbono y alinearse con prácticas sostenibles.

Una compleja interacción de dinámicas regulatorias, preferencias de los inversores, avances tecnológicos y demandas del mercado da forma al futuro de las ICOs y las ventas de tokens. A medida que la industria madura, podemos esperar una mayor claridad regulatoria, un énfasis en casos de uso del mundo real y una mejor protección del inversor. Los proyectos que priorizan la sostenibilidad, el compromiso comunitario y la gobernanza se destacarán en un paisaje competitivo.

Las Ofertas de Tokens de Seguridad (STOs) y la tokenización de activos pueden ofrecer nuevas vías para la recaudación de fondos compatible y la propiedad fraccionada de activos. La integración con el ecosistema DeFi y la evolución de los mecanismos de recaudación de fondos como las DAOs podrían impulsar la innovación y la inclusividad en los procesos de recaudación de fondos.

Sin embargo, persisten desafíos, incluida la incertidumbre regulatoria, la volatilidad del mercado y la necesidad de una educación integral para los inversores. Las ICOs y las ventas de tokens exitosas del futuro demostrarán su viabilidad a largo plazo, sus claras propuestas de valor y su capacidad de adaptación a un panorama financiero cambiante. A medida que la industria continúa evolucionando, la convergencia de las finanzas tradicionales y el espacio de los activos digitales puede definir una nueva era de oportunidades de recaudación de fondos e inversión, con las ICOs desempeñando un papel fundamental en la configuración del futuro de las finanzas globales.

CONCLUSIÓN

Resumen de Puntos Clave

El ámbito de las altcoins y las Ofertas Iniciales de Monedas (ICO) ha experimentado un crecimiento y transformación exponenciales en la última década. Desde los días pioneros de Bitcoin hasta la explosión de altcoins, el panorama de los activos digitales y las finanzas descentralizadas (DeFi) continúa evolucionando. Esta sección ha explorado diversos aspectos de las altcoins y las ICO, desde sus definiciones y diferencias hasta sus características únicas, beneficios y riesgos. También hemos examinado su impacto en los sistemas financieros tradicionales, tendencias futuras potenciales y el camino hacia la recaudación de fondos sostenible.

Altcoins y su distinción de Bitcoin

Las altcoins son criptomonedas alternativas que surgieron después de Bitcoin, cada una ofreciendo características y casos de uso distintos. Se adaptan a nichos específicos y buscan abordar limitaciones en el diseño de Bitcoin, como la velocidad de transacción y la escalabilidad. A pesar de sus diferencias, las altcoins comparten la tecnología blockchain subyacente con Bitcoin, lo que permite transacciones descentralizadas y seguras.

Altcoins Populares y Sus Características Únicas

Profundizamos en algunas altcoins populares, cada una aportando atributos únicos al mercado de criptomonedas. Ethereum, por ejemplo, introdujo la funcionalidad de contratos inteligentes, permitiendo la creación de aplicaciones y protocolos descentralizados. Ripple (XRP) se centró en los pagos transfronterizos, Stellar (XLM) en facilitar las remesas y Litecoin (LTC) en tiempos de transacción más rápidos. Estas altcoins muestran la diversidad de aplicaciones de la blockchain y el potencial para perturbar los servicios financieros tradicionales.

Beneficios y Riesgos de Invertir en Altcoins

Invertir en altcoins ofrece varios beneficios potenciales, como la diversificación, una mayor volatilidad y la oportunidad de apoyar proyectos innovadores. Sin embargo, conlleva riesgos significativos, incluida la volatilidad del mercado, incertidumbres regulatorias y posibles estafas. Una investigación exhaustiva, la diligencia debida y la gestión de riesgos son cruciales para el éxito de la inversión en altcoins.

Evaluación de Proyectos ICO: Factores Clave a Considerar

La recaudación de fondos mediante ICO se convirtió en una forma popular para que startups y proyectos aseguraran capital. Sin embargo, el panorama de las ICO ha sido empañado por estafas y esquemas fraudulentos, lo que destaca la importancia de evaluar los proyectos antes de invertir. Los factores clave a considerar incluyen la experiencia del equipo, la transparencia del proyecto, la validación del caso de uso, la economía del token y el cumplimiento normativo.

Desafíos Regulatorios y Cumplimiento en el Espacio ICO

El espacio de las ICO ha enfrentado desafíos regulatorios a medida que los gobiernos de todo el mundo luchan con la naturaleza novedosa de los activos digitales. Algunas jurisdicciones han introducido marcos para proteger a los inversores, mientras que otras permanecen inciertas sobre su enfoque. El cumplimiento de las regulaciones pertinentes es crucial para que los proyectos ICO ganen legitimidad y confianza de los inversores.

Análisis Técnico: Análisis de Tendencias y Patrones de Precios

El análisis técnico se utiliza para evaluar tendencias y patrones de precios en el mercado de criptomonedas. Involucra el análisis de datos de precios históricos y patrones de gráficos para tomar decisiones comerciales informadas. Si bien el análisis técnico se utiliza ampliamente, tiene limitaciones y debe utilizarse junto con el análisis fundamental.

Diversificación y asignación de cartera para inversiones en altcoins e ICOs

Una estrategia de gestión de riesgos que implica distribuir inversiones en diferentes activos para reducir el riesgo general se conoce como diversificación. La asignación adecuada de la cartera es crucial para gestionar el riesgo y optimizar los rendimientos. Una cartera bien diversificada debe incluir una mezcla de activos con diferentes niveles de riesgo y potencial de crecimiento.

Identificación de proyectos prometedores de altcoins e ICOs

Identificar proyectos prometedores de altcoins e ICOs requiere un enfoque integral que combine análisis fundamental, análisis técnico y comprensión del impacto potencial del proyecto en el mercado. Los proyectos con equipos sólidos, propuestas de valor claras, casos de uso del mundo real y una hoja de ruta bien definida tienen más probabilidades de tener éxito.

Reportar estafas y proteger sus inversiones

Reportar estafas y actividades sospechosas es vital para proteger las inversiones y la salud general del mercado de criptomonedas. Al mantenerse informados, realizar la debida diligencia y reportar esquemas fraudulentos, los inversores pueden contribuir a un espacio cripto más seguro y confiable.

Mejores prácticas para asegurar sus activos digitales

Asegurar activos digitales es esencial para protegerlos contra el robo y los piratas informáticos. Las mejores prácticas incluyen el uso de billeteras seguras, habilitar la autenticación de dos factores, mantener las claves privadas fuera de línea y tener cuidado con los intentos de phishing. Con el aumento de las altcoins y DeFi, proteger los activos digitales es más crítico que nunca.

Protección contra hackeos y amenazas de ciberseguridad en altcoins

La creciente adopción de altcoins los hace objetivos atractivos para piratas informáticos y ciberdelincuentes. Protegerse contra los hackeos requiere implementar medidas de seguridad robustas, que incluyen actualizaciones regulares de software, una gestión segura de contraseñas y autenticación de múltiples factores.

Implicaciones fiscales de las inversiones en altcoins e ICOs

Invertir en altcoins y participar en ICOs puede tener implicaciones fiscales que varían según la jurisdicción y la naturaleza de la inversión. Comprender las obligaciones fiscales y mantener registros precisos es crucial para una inversión en criptomonedas compatible y sin estrés.

Requisitos de informes y cumplimiento de inversiones en altcoins e ICOs

A medida que el panorama regulatorio evoluciona, los inversores deben mantenerse informados sobre los requisitos de informes y las obligaciones de cumplimiento relacionadas con sus inversiones en altcoins e ICOs. Informar adecuadamente las ganancias y pérdidas garantiza el cumplimiento de las leyes y regulaciones fiscales.

El papel de las altcoins en las Finanzas Descentralizadas (DeFi)

Las altcoins juegan un papel significativo en DeFi, ampliando la utilidad y las posibilidades de los activos digitales. Proporcionan liquidez a las plataformas DeFi, mejoran la funcionalidad de los contratos inteligentes y desbloquean instrumentos financieros innovadores. La integración de altcoins con DeFi tiene el potencial de remodelar los sistemas financieros tradicionales y fomentar una mayor inclusión financiera.

Predicciones para el futuro de las ICOs y ventas de tokens

Es probable que el futuro de las ICOs y las ventas de tokens vea una mayor claridad regulatoria, un enfoque en casos de uso del mundo real y la evolución de los mecanismos de financiamiento. Las Ofertas de Tokens de Seguridad (STOs) y la tokenización de activos pueden volverse convencionales, ofreciendo opciones de financiamiento compatibles. Es probable que los proyectos que prioricen la sostenibilidad, la gobernanza y la participación comunitaria prosperen en un mercado competitivo.

El mundo de las altcoins y las ICOs continúa evolucionando, presentando tanto oportunidades como desafíos para inversores, proyectos y reguladores. A medida que el espacio de blockchain y criptomonedas madura, será crucial encontrar un equilibrio entre la innovación, el cumplimiento regulatorio y la protección del inversor. Al comprender los puntos clave discutidos en este ensayo, los interesados pueden navegar el dinámico panorama de las altcoins, las ICOs y el futuro de las finanzas con confianza y prudencia.

Animo para Explorar Inversiones en Altcoins y ICOs

El mundo de las finanzas ha experimentado un cambio sísmico con la llegada de las criptomonedas, las altcoins y las Ofertas Iniciales de Monedas (ICOs). La aparición revolucionaria de Bitcoin abrió las compuertas a una gran cantidad de altcoins, cada una ofreciendo características y casos de uso únicos. Por otro lado, las ICOs revolucionaron la recaudación de fondos para proyectos de blockchain, democratizando las oportunidades de inversión. En esta sección, exploramos el estímulo para explorar las inversiones en altcoins e ICOs, destacando el potencial transformador, los beneficios de la diversificación y la democratización de las finanzas. Los inversores pueden abrazar con confianza la frontera digital al comprender las oportunidades y navegar por los desafíos.

Potencial Transformador de las Altcoins y las ICOs

Las altcoins representan la ingeniosidad y la innovación de la revolución descentralizada. Mientras que Bitcoin introdujo al mundo a la moneda digital, las altcoins ampliaron las posibilidades. Ethereum introdujo los contratos inteligentes, Ripple se centró en los pagos transfronterizos y Litecoin mejoró la velocidad de las transacciones. Estos activos digitales no son solo alternativas a las finanzas tradicionales; allanan el camino para un nuevo panorama financiero.

Las ICOs han democratizado la recaudación de fondos, permitiendo que startups y proyectos accedan a capital a nivel global. Al ofrecer tokens a una amplia gama de inversores, las ICOs desafían el modelo tradicional de capital de riesgo y fomentan la inclusividad. Este potencial transformador ha dado lugar al surgimiento de proyectos innovadores que aprovechan la tecnología blockchain para perturbar diversas industrias.

Beneficios de Diversificación de Inversiones en Altcoins y ICOs

Las carteras tradicionales a menudo incluyen una combinación de acciones, bonos y otros activos. Sin embargo, la diversificación en la era digital va más allá de las inversiones tradicionales. Las altcoins y las ICOs ofrecen una nueva dimensión de diversificación, no correlacionada con los mercados tradicionales. Al incluir activos digitales en sus carteras, los inversores pueden protegerse contra las fluctuaciones del mercado y potencialmente acceder a mayores rendimientos.

Además, la diversidad de altcoins y ICOs permite a los inversores explorar varios sectores, industrias y avances tecnológicos. Invertir en proyectos con casos de uso del mundo real y potencial disruptivo puede proporcionar exposición a industrias emergentes, como las finanzas descentralizadas (DeFi), los tokens no fungibles (NFTs) y el Internet de las cosas (IoT).

Democratización de las Finanzas e Inclusividad

Las altcoins y las ICOs han desbloqueado oportunidades de inversión para una audiencia más amplia, más allá de los inversores acreditados y los capitalistas de riesgo. Cualquiera que tenga una conexión a Internet puede participar en las ICOs, democratizando el panorama de inversión y nivelando el campo de juego. Esta inclusividad es particularmente impactante en regiones con acceso limitado a servicios financieros tradicionales, empoderando a las personas para participar en oportunidades de inversión globales.

Las ICOs también han democratizado el espíritu empresarial, permitiendo que ideas innovadoras florezcan sin las barreras impuestas por los modelos de financiación tradicionales. Las startups ahora pueden acceder a capital de diversos inversores, reduciendo la dependencia de la financiación institucional y fomentando la creatividad empresarial.

Asumir los Avances Tecnológicos

Invertir en altcoins y participar en ICOs alienta a las personas a asumir los avances tecnológicos. Comprender la tecnología blockchain, los contratos inteligentes y la economía de los tokens permite tomar decisiones de inversión informadas y promueve la alfabetización digital y la conciencia tecnológica.

A medida que el panorama digital evoluciona, la capacidad de adaptarse y aprovechar las tecnologías emergentes se vuelve cada vez más valiosa. Invertir en altcoins y ICOs permite a las personas mantenerse a la vanguardia de la innovación digital y participar en la formación del futuro de las finanzas.

Apoyo a Proyectos Innovadores

Las altcoins y las ICOs ofrecen una plataforma para que los proyectos innovadores ganen tracción y financiamiento. Las personas se convierten en primeros partidarios de tecnologías e ideas innovadoras al invertir en estos proyectos. Apoyar proyectos innovadores fomenta el desarrollo y la adopción de soluciones de vanguardia.

Además, respaldar proyectos con una visión clara y casos de uso viables contribuye a un ciclo virtuoso de crecimiento y progreso. Los proyectos exitosos atraen a más inversores y alimentan una mayor innovación, lo que lleva a un ecosistema próspero de emprendimiento digital.

Promoción de la Inclusión Financiera y el Empoderamiento

Las altcoins y las ICOs tienen el potencial de revolucionar la inclusión financiera, otorgando acceso a servicios financieros para las poblaciones no bancarizadas y sub-bancarizadas en todo el mundo. Las plataformas de finanzas descentralizadas, habilitadas por las altcoins, ofrecen servicios financieros sin intermediarios, proporcionando a las personas una mayor autonomía financiera.

Para las comunidades marginadas con acceso limitado a sistemas financieros tradicionales, las altcoins y las ICOs representan un medio para el empoderamiento económico. La capacidad de realizar transacciones, ahorrar e invertir en activos digitales puede elevar a las comunidades y promover el crecimiento económico a escala global.

Navegar por Desafíos y Mitigar Riesgos

Si bien explorar inversiones en altcoins e ICOs ofrece numerosas oportunidades, es esencial navegar por los desafíos y mitigar los riesgos. El mercado de criptomonedas es conocido por su volatilidad, y las ICOs han enfrentado escrutinio regulatorio y esquemas fraudulentos. Una investigación exhaustiva, la diligencia debida y la gestión de riesgos son imperativos para una inversión responsable.

Los inversores deben mantenerse informados sobre el panorama regulatorio y buscar el cumplimiento de las leyes relevantes. Participar en proyectos bien establecidos, con equipos de reputación y estructuras de gobernanza transparentes puede mejorar la confianza del inversor y minimizar los riesgos.

Promoviendo la Alfabetización Financiera y la Educación

Invertir en altcoins y participar en ICOs requiere alfabetización financiera y educación. A medida que el panorama digital evoluciona, los inversores deben equiparse con conocimientos sobre tecnología blockchain, tokenómica y dinámicas de mercado.

Promover la alfabetización financiera empodera a las personas para tomar decisiones de inversión informadas, comprender los riesgos potenciales y proteger sus inversiones. Este conocimiento es transferible a otras áreas de las finanzas e inversiones, promoviendo el aprendizaje continuo y la resiliencia financiera.

Contribuyendo a un Cambio Paradigmático Financiero Global

Al explorar inversiones en altcoins y participar en ICOs, las personas se convierten en participantes activos en un cambio paradigmático financiero global. Contribuyen al crecimiento de la tecnología blockchain y las finanzas descentralizadas, desafiando los sistemas financieros tradicionales y fomentando un ecosistema de innovación e inclusión.

Alentar la exploración de inversiones en altcoins y ICOs es una invitación a aprovechar las oportunidades de la frontera digital. A medida que las altcoins abren el camino para casos de uso innovadores, las ICOs democratizan la recaudación de fondos y las finanzas descentralizadas revolucionan los servicios financieros, los inversores pueden navegar por el panorama dinámico con confianza y prudencia.

Los beneficios de la diversificación, los avances tecnológicos, la inclusión financiera y el apoyo a proyectos innovadores crean un caso convincente para involucrarse con el mundo de las altcoins y las ICOs. Al abrazar el potencial transformador y navegar responsablemente los desafíos, los inversores pueden estar a la vanguardia de un cambio paradigmático financiero global, dando forma al futuro de las finanzas en una frontera digital descentralizada, inclusiva e innovadora.

La Importancia del Aprendizaje Continuo y la Adaptación

La esfera de las altcoins y las Ofertas Iniciales de Monedas (ICO, por sus siglas en inglés) es un dominio en constante evolución, continuamente moldeado por avances tecnológicos, desarrollos regulatorios, dinámicas del mercado y sentimiento de los inversores. A medida que crece la industria de las criptomonedas y la tecnología blockchain, la importancia del aprendizaje continuo y la adaptación se vuelve fundamental para los inversores. Esta sección explora la importancia de mantenerse informado, abrazar el aprendizaje de por vida y adaptar estrategias de inversión para navegar el dinámico panorama digital de las inversiones en altcoins y ICOs.

La Naturaleza Dinámica de las Inversiones en Altcoins y ICOs

El mercado de criptomonedas se caracteriza por su alta volatilidad y cambios rápidos. Las altcoins, la diversa gama de criptomonedas alternativas, pueden experimentar fluctuaciones de precios significativas en cortos períodos de tiempo. De manera similar, las ICOs, como método de recaudación de fondos, han visto cambios en las posturas regulatorias y el sentimiento de los inversores. La naturaleza dinámica de estas inversiones requiere un enfoque proactivo para comprender las tendencias del mercado y adaptar las estrategias de inversión en consecuencia.

Abrazar el Aprendizaje de por Vida en las Inversiones en Criptomonedas

Las criptomonedas, así como la tecnología blockchain, son ideas relativamente nuevas, que avanzan y transforman continuamente el panorama financiero. Por lo tanto, los inversores deben abrazar el aprendizaje de por vida para mantenerse al día con los últimos desarrollos y tendencias. Mantenerse informado sobre avances tecnológicos, actualizaciones de proyectos, cambios regulatorios y análisis de mercado empodera a los inversores para tomar decisiones bien informadas.

Entendiendo las Innovaciones Tecnológicas y los Proyectos Blockchain

Las altcoins a menudo vienen con características y innovaciones tecnológicas únicas, que las hacen distintas entre sí y de Bitcoin. Comprender la tecnología detrás de estos proyectos es crucial para evaluar su valor potencial e impacto. Contratos inteligentes, soluciones de privacidad, mejoras de escalabilidad y mecanismos de consenso son algunas de las innovaciones que dan forma al espacio de las altcoins.

Los proyectos de ICO también requieren investigación exhaustiva. Al adentrarse en los whitepapers técnicos y evaluar la experiencia del equipo, los inversores pueden obtener información sobre la viabilidad del proyecto y su potencial éxito a largo plazo.

Navegando los Desarrollos Regulatorios

Los desarrollos regulatorios influyen significativamente en el panorama de las altcoins y las ICOs. Diferentes países y jurisdicciones tienen posturas variables sobre la regulación de las criptomonedas, lo que puede afectar el clima de inversión. Mantenerse al día con los cambios regulatorios garantiza el cumplimiento y ayuda a los inversores a tomar decisiones informadas mientras evalúan los riesgos asociados con proyectos específicos.

Gestión del Riesgo y Adaptación de Estrategias

La naturaleza dinámica de las inversiones en altcoins e ICOs demanda una gestión efectiva del riesgo. La diversificación, el establecimiento de objetivos de inversión y la evaluación de la tolerancia al riesgo son componentes esenciales de una sólida estrategia de gestión del riesgo. Los inversores pueden mitigar posibles pérdidas distribuyendo las inversiones en diferentes activos y ajustando la asignación según las condiciones del mercado.

La adaptación de estrategias de inversión en respuesta a cambios en las condiciones del mercado es igualmente crítica. En momentos de alta volatilidad, puede ser prudente adoptar un enfoque más cauteloso, mientras que las tendencias alcistas pueden justificar una postura de inversión más agresiva. La flexibilidad en la estrategia permite a los inversores aprovechar oportunidades y proteger sus carteras.

Aprendiendo de las Tendencias del Mercado y los Datos Históricos

El mercado de criptomonedas ha presenciado diversos ciclos y tendencias. El análisis de datos históricos puede proporcionar información sobre el comportamiento pasado del mercado, ayudando a los inversores a hacer predicciones educadas sobre posibles tendencias futuras. El análisis fundamental, técnico y de sentimiento se encuentran entre las herramientas utilizadas para evaluar las tendencias del mercado y tomar decisiones informadas.

Participando en Discusiones Comunitarias y Relacionándose con Expertos

Relacionarse con la comunidad de criptomonedas y expertos en el campo puede proporcionar información valiosa y fomentar el aprendizaje. Foros en línea, grupos de redes sociales y conferencias ofrecen oportunidades para discutir ideas, compartir conocimientos y obtener perspectivas diversas. Relacionarse con expertos puede ayudar a los inversores a mantenerse a la vanguardia de los avances tecnológicos y las tendencias del mercado.

Adherirse a las Mejores Prácticas de Seguridad

El espacio de las criptomonedas no está exento de riesgos, incluyendo intentos de hackeo, esquemas de phishing y estafas. Adherirse a las mejores prácticas de seguridad es esencial para proteger los activos digitales. Utilizar carteras seguras, habilitar la autenticación de dos factores y evitar enlaces sospechosos se encuentran entre las medidas que mejoran la seguridad.

Aprovechar las Oportunidades de Finanzas Descentralizadas (DeFi)

Las Finanzas Descentralizadas o (DeFi) es un sector emergente que ofrece oportunidades de inversión únicas. Al explorar proyectos DeFi, los inversores pueden acceder a la agricultura de rendimiento, la provisión de liquidez y las plataformas de préstamos. Sin embargo, al igual que con cualquier inversión, la investigación exhaustiva y la evaluación del riesgo son críticas.

Fomentar la Resiliencia Financiera y la Visión a Largo Plazo

El aprendizaje continuo y la adaptación en las inversiones en altcoins e ICOs fomentan la resiliencia financiera. Los inversores pueden sobrellevar las fluctuaciones del mercado y capitalizar oportunidades emergentes al mantenerse informados y flexibles. Una visión de inversión a largo plazo permite un enfoque paciente, reduciendo el impacto de la volatilidad del mercado a corto plazo.

El mundo de las inversiones en altcoins y ICOs es un paisaje digital dinámico y transformador. Abrazar el aprendizaje continuo, mantenerse informado sobre los avances tecnológicos y las tendencias del mercado, y adaptar las estrategias de inversión son imperativos para prosperar en esta industria en constante evolución. A medida que crece el espacio de las criptomonedas y la blockchain, la importancia de mantenerse educado, adherirse a las mejores prácticas de seguridad y relacionarse con la comunidad se hace cada vez más evidente.

Los inversores que buscan activamente conocimiento y adaptan sus estrategias en función de las condiciones cambiantes del mercado se posicionan para tener éxito en el mundo de las inversiones en altcoins e ICOs. Al fomentar la resiliencia financiera, abrazar los avances tecnológicos y tomar decisiones informadas, los inversores pueden navegar con confianza por la frontera digital y aprovechar las oportunidades en el mercado de criptomonedas en constante evolución.

Reflexiones Finales sobre el Futuro de las Inversiones Digitales

El futuro de las inversiones digitales promete enormes oportunidades, impulsado por el rápido crecimiento de las criptomonedas, altcoins y la tecnología blockchain. El paisaje financiero tradicional está experimentando una transformación profunda a medida que el mundo abraza las finanzas descentralizadas (DeFi) y explora nuevas posibilidades en la tokenización. En esta sección, reflexionamos sobre el futuro de las inversiones digitales, destacando el potencial, los desafíos y las oportunidades que se avecinan. Al comprender el panorama en evolución y adoptar estrategias de pensamiento avanzado, los inversores pueden posicionarse para prosperar en esta era transformadora de las finanzas.

Aprovechando el Poder de la Descentralización

La descentralización es el núcleo de la revolución de las inversiones digitales. Las criptomonedas y la tecnología blockchain ofrecen un cambio de paradigma alejado de los sistemas financieros centralizados, empoderando a las personas con un mayor control sobre sus activos y finanzas. A medida que el espacio DeFi se expande, presenciamos la emergencia de préstamos descentralizados, provisión de liquidez y protocolos de gobernanza, ofreciendo formas innovadoras de gestionar y hacer crecer la riqueza.

Aprovechar el poder de la descentralización implica un cambio de mentalidad, ya que los inversores hacen la transición de los intermediarios financieros tradicionales a soluciones basadas en blockchain. Este cambio fomenta la autonomía financiera y contribuye a un ecosistema financiero más inclusivo y equitativo.

El Papel de las Altcoins en la Diversificación de las Carteras

Las altcoins juegan un papel fundamental en la diversificación de las carteras de inversión, permitiendo a los inversores acceder a una amplia gama de activos digitales con casos de uso y trayectorias de crecimiento potenciales distintas. Si bien Bitcoin sigue siendo un pilar del mercado de criptomonedas, las altcoins ofrecen oportunidades para inversiones especializadas, dirigidas a industrias, aplicaciones y tecnologías específicas.

La diversificación a través de altcoins protege contra la volatilidad del mercado, mejorando el potencial de retornos más altos. A medida que el mercado de criptomonedas madura, una asignación prudente de activos en varias altcoins puede optimizar los retornos ajustados al riesgo y reducir la exposición al riesgo de activos individuales.

Navegando por los Paisajes Regulatorios

El futuro de las inversiones digitales está intrínsecamente vinculado al desarrollo regulatorio. Los gobiernos y los organismos reguladores de todo el mundo están lidiando con la naturaleza en evolución de las criptomonedas y la tecnología blockchain. Mientras que algunas jurisdicciones abrazan la innovación y proporcionan un entorno de apoyo, otras se acercan con cautela al espacio, imponiendo regulaciones estrictas.

Los inversores deben mantenerse informados sobre el panorama regulatorio en sus respectivas jurisdicciones para garantizar el cumplimiento y proteger sus inversiones. El compromiso proactivo con los reguladores y las partes interesadas de la industria también puede contribuir a la creación de marcos regulatorios equilibrados y de pensamiento avanzado.

Avances Tecnológicos e Innovación

Los avances tecnológicos son la fuerza impulsora detrás del futuro de las inversiones digitales. La tecnología blockchain continúa evolucionando, abordando desafíos de escalabilidad, interoperabilidad y sostenibilidad. Los proyectos que pioneran soluciones innovadoras y mejoran los protocolos existentes probablemente darán forma al futuro de las finanzas.

Los inversores que se mantienen informados sobre los avances tecnológicos obtienen una ventaja al identificar proyectos con potencial transformador. Comprender los fundamentos técnicos de los proyectos ayuda a evaluar su viabilidad, escalabilidad y viabilidad a largo plazo.

Integración de las Finanzas Tradicionales con los Activos Digitales

La convergencia de las finanzas tradicionales y los activos digitales presenta oportunidades para una integración sin problemas. La tokenización de activos, las ofertas de tokens de seguridad (STOs) y las monedas digitales de los bancos centrales (CBDCs) son ejemplos de iniciativas que están acercando la brecha entre el frente digital y los sistemas financieros convencionales.

A medida que los inversores institucionales ingresan al espacio de las criptomonedas, es probable que presenciemos una combinación de estrategias de inversión tradicionales con soluciones innovadoras basadas en blockchain. Esta integración ofrece nuevas vías para el flujo de capital, la provisión de liquidez y el acceso a clases de activos anteriormente inexploradas.

Fomento de la Alfabetización Financiera y la Educación del Inversor

El futuro de las inversiones digitales demanda un mayor nivel de alfabetización financiera y educación del inversor. A medida que la industria evoluciona, los inversores deben equiparse con conocimientos sobre tecnología blockchain, estrategias de inversión, gestión de riesgos y mejores prácticas de ciberseguridad.

Fomentar la alfabetización financiera capacita a los inversores para tomar decisiones informadas, reconocer riesgos potenciales y comprender las implicaciones más amplias de las inversiones digitales. Además, facilita un comportamiento de inversión responsable y fomenta el bienestar financiero a largo plazo.

Consideraciones Ambientales y Prácticas Sostenibles

El futuro de las inversiones digitales no está exento de desafíos, y las preocupaciones ambientales son uno de ellos. La naturaleza intensiva en energía de los mecanismos de consenso de Prueba de Trabajo (PoW) en ciertas criptomonedas ha planteado preguntas ambientales.

La industria también está explorando alternativas más sostenibles, como la Prueba de Participación (PoS) y protocolos energéticamente eficientes. Los inversores están cada vez más conscientes del impacto ambiental de sus inversiones, impulsando la adopción de proyectos ecológicos y prácticas sostenibles.

Aprovechamiento de Oportunidades en las Finanzas Descentralizadas (DeFi)

Las Finanzas Descentralizadas o (DeFi) han surgido como uno de los sectores más transformadores en las inversiones digitales. Las plataformas DeFi ofrecen una amplia gama de servicios financieros, desde préstamos y préstamos hasta agricultura de rendimiento e intercambios descentralizados.

Los inversores que reconocen el potencial de DeFi pueden participar activamente en estas plataformas, obteniendo rendimientos sobre sus activos digitales y participando en productos financieros innovadores. Sin embargo, si bien DeFi ofrece oportunidades lucrativas, también conlleva riesgos inherentes que requieren una cuidadosa consideración y diligencia debida.

Navegando por los Riesgos de las Inversiones Digitales

El futuro de las inversiones digitales no está exento de riesgos. La volatilidad del mercado, las incertidumbres regulatorias, las vulnerabilidades tecnológicas y posibles estafas requieren un enfoque cauteloso. Los inversores deben evaluar los riesgos diligentemente, diversificar sus carteras y practicar una gestión de riesgos efectiva.

Comprender los riesgos asociados con diferentes opciones de inversión capacita a los inversores para tomar decisiones informadas, evitando posibles trampas y preservando el capital ante las fluctuaciones del mercado.

Adoptando una Visión a Largo Plazo

El futuro de las inversiones digitales requiere una perspectiva a largo plazo. Si bien las fluctuaciones del mercado a corto plazo pueden ser significativas, el potencial transformador de la tecnología blockchain y los activos digitales se desarrolla con el tiempo. Adoptar una visión a largo plazo fomenta la paciencia y la resiliencia ante la turbulencia del mercado.

El futuro de las inversiones digitales es un viaje transformador, impulsado por la descentralización, los avances tecnológicos y soluciones financieras innovadoras. Abrazar el potencial de las altcoins, navegar por los paisajes regulatorios y mantenerse informado sobre las tendencias tecnológicas dará forma al panorama de inversiones del mañana.

Los inversores que fomentan la alfabetización financiera, practican una gestión de riesgos responsable y adoptan una visión a largo plazo se posicionan para prosperar en este dominio dinámico y en evolución. A medida que el frente digital continúa desarrollándose, la importancia del aprendizaje continuo, la adaptación y la inversión responsable permanecerá en el núcleo de las inversiones digitales exitosas, capacitando a las personas para abrazar el potencial de una era transformadora en las finanzas.

Gracias por comprar y leer/escuchar nuestro libro. Si encontraste útil este libro, te agradeceríamos que te tomes unos minutos para dejar una reseña en la plataforma donde adquiriste nuestro libro. Tu opinión es de gran importancia para nosotros.